本书由肇庆学院"创新强校学科建设"资金资助出版

荀子

人际关系思想研究

高春海 著

中国出版集团

世界图书出版公司

广州·上海·西安·北京

图书在版编目（CIP）数据

荀子人际关系思想研究 / 高春海著 . -- 广州 ： 世
界图书出版广东有限公司 ， 2025.1重印
ISBN 978-7-5100-7461-5

I . ①荀… II . ①高… III . ①荀况（前 313 ～前
238）－人际关系学－思想评论 IV . ① B222.65

中国版本图书馆 CIP 数据核字（2015）第 011085 号

荀子人际关系思想研究

策划编辑　赵　泓
责任编辑　翁　晗
装帧设计　卢佳雯
出版发行　世界图书出版广东有限公司
地　　址　广州市新港西路大江冲 25 号
电　　话　020-84459702
印　　刷　悦读天下（山东）印务有限公司
规　　格　787mm×1092mm　　1/16
印　　张　10.5
字　　数　180 千
版　　次　2015 年 1 月第 1 版　2025 年 1 月第 4 次印刷
ＩＳＢＮ　978-7-5100-7461-5/B·0108
定　　价　68.00 元

目录

前　言

　　由孔子开创的儒家学派向来十分重视如何恰当地处理各种纷繁复杂的人际关系。在先秦儒家的杰出代表中，荀子是最后一位出场的。本书在立足荀子研究既有成果的基础上，选取荀子的人际关系思想作为研究方向。书中以父子、君臣、君民这三种人际关系为研究线索，运用对比研究的方法，围绕着两大问题展开：一是荀子对先秦儒家的人际关系思想做了何种程度的改变和继承，二是探求荀子与墨子、庄子、韩非子人际关系思想的异同。

　　本书的正文由五个章节和一个结语组成。第一章，主要是回顾荀子研究的既有成果并提出研究的问题。学界已在荀子研究的诸多领域都取得了丰硕的成果，特别是在人性论、宇宙观、礼论这些方面。在荀子人际关系思想研究方面也取得了比较大的进展，但还存在一些不足，这成为本书研究的起点。第二章，侧重比较荀子与孔孟在父子关系认识上的差异。孔子孟子在处理父子关系时强调亲情和自愿原则而荀子在处理父子关系时推崇外在强制因素的作用；孔子孟子认为血缘亲情重于是非标准而荀子则认为是非标准重于血缘亲情；孔子孟子认为父子关系要重于君臣关系而荀子则认为君臣关系要重于父子关系。针对以往学界对荀子父子关系思想的评论，本书强调荀子是从政治本位出发看待父子关系，推崇政治公平优先，打破了儒家既有的血缘本位。荀子这样做是为了士人的政治前途。第三章，着重论述荀子与孔孟在君臣关系认识上的差异。孔子孟子坚持理想主义的入仕观，认为士人应当择君而事，而荀子则持现实主义的入仕观，他认为士人可以和任何类型的君主合作。孔孟追求君臣关系的对等性，强调士人的尊严和人格独立，而荀子则放弃了对君臣关系对等性的追求，认为臣下在和君主交往时应充分考虑到君主的感受和利益，并引进了有关权术的内容，尊君卑臣的色彩比较浓厚。不过，荀子在改造儒家君臣观时总是力图守住基本的道德底线。本章探讨了荀子思想转变的成因。君主专制制度和官僚体制的确立以及士人的生存现状决定了荀子的思想走向。荀子思想的转变一方面拉近了儒家理想与现实的距离，另一方面也造成了儒家理想主义的缺失。第四章，主要阐述荀子如何继承并发展了孔孟的君民关系思想。孔子孟子均是民本主义者，他们主张君主应当善待人民，认为民意是君主统治的基础。荀子在此基础上做了进一步的论述。但学界在荀子君民关系思想的认识上却有两种不同的意见，一派认为他的思想是民本主义，另一派认为他的思想是君本主义。本章通过分析得出结论：民本主义和君本主义并存于荀子思想中。当论证君主统治的正当性时，荀子认为君是末，民是本，因为他认为君主统治的正当性在于占社会多数的民众的支持；当谈及政治治理时，荀子认为君是本，民是末，因为他认为民众无德无知，没有能力参与政治，国家治理要靠君主及其手下官员。第五章，比较荀子与墨子、庄子、韩非子在人际关系认识上的异同。在父子关系的认识上，墨子与荀子均主张儿子应该孝顺父亲，但墨子主张兼爱，认为爱人之父应如爱己之父，并主张薄葬短丧，荀子则坚持了儒家在父子关系上的立场：爱有差等、三年之丧。在君臣关系的认识上，墨子主张士人应该择君而事，而荀子则主张无君不可事；墨子与荀子均主张君主应坚持任人唯贤的原则，臣下应充分顾及君主的颜面。在君民关系上，墨子与荀子都站在民本的立场上。庄子与荀子都主张儿女应该孝敬父母，但庄子认为文明社会中的仁义道德无益于构建理想的父子关系，顺着人的自然本性发展就可以产生孝行，其中无须礼义的介入，因为他相信人的天性是淳朴的。荀子则认为仁义道德对理想的父子关系来说是必要的，人性本恶，只有经过礼义的矫治才能有孝行。庄子认为士人应该远离仕途和君主，现实政治无法改变，而荀子则主张士人应该积极入仕，通过与君主的政治合作来改变现实。庄子与荀子都主张君主应该爱护人民，但庄子认为理想的君民关系只存在于前文明社会，而荀子则认为在前文明社会中人际关系处在一片混乱之中，理想的君民关系只存在于文明社会。荀子与韩非子都主张为人子应尽孝，为人臣应尽忠。荀子认为人性虽然是恶的但却可以改变，道德在人际交往中起着重要的作用，而韩非子却认为人情好利且不可改变，他基本上否认了道德在人际关系领域中的作用，走向了利益决定论。荀子与韩非子都主张君主应该为民谋利。荀子主张君主应坚持礼法兼用的原则来管理人民，法律的作用是次要的。而韩非子则认为君主只要依靠法律就可以治理好人民。结语部分对全书内容做了一个简要的回顾。荀子的人际关系思想是针对战国的社会实际而发，他批判继承了包括儒家在内的各家思想，形成了独具特色的荀子人际关系思想。

本书是博士学位论文的修改稿。本人的博士学位论文《荀子人际关系思想研究》在 2010 年 6 月通过论文答辩。论文的指导老师是东北师范大学历史文化学院的韩东育教授。韩教授对本人的论文写作给予了多方面的精心指导。书中的不足和错误都由本人承担。由于本人的水平有限，因此不敢轻言创新，本书如能起到一些拾遗补阙的作用，则足矣。

第一章
荀子研究的整体回顾与问题的提出

第一节 荀子研究的整体回顾

　　荀子是我国战国末期杰出的思想家。他的学说在当时就产生了比较大的影响。在此后两千多年的历史长河中，荀子研究伴随着时代的变迁、学风的转变而不断向前推进。

一、古代中国的荀子研究

（一）荀子在战国末期的影响

　　荀子是战国末期儒家学派的代表人物。荀子在他所处的时代就是比较有影响的学者。荀子本是赵国人，但他的活动范围却涉及齐、楚、秦等国。齐国的稷下学宫是当时各国各派学者云集的地方，根据司马迁的记载：齐襄王时，"荀卿最为老师。齐尚修列大夫之缺，而荀卿三为祭酒焉。"（《史记·孟子荀卿列传》）[①] 荀子能在稷下学宫成为学界的最尊者，这足以证明他的学术影响之大。后来，荀子被楚国的春申君任命为兰陵令。荀子在楚国的仕途经历也反映了他在当时人们心目中的地位。《战国策·楚策四》记载：

　　客说春申君曰："汤以亳，武王以鄗，皆不过百里以有天下。今孙子，天下贤人也，君籍之以百里势，臣窃以为不便于君。何如？"春申君曰："善。"于是使人谢孙子。孙子去之赵，赵以为上卿。

　　客又说春申君曰："昔伊尹去夏入殷，殷王而夏亡。管仲去鲁入齐，鲁

---

① 本书《史记》采用的版本为：司马迁：《史记》，中华书局 2006 年版。

弱而齐强。夫贤者之所在，其君未尝不尊，国未尝不荣也。今孙子，天下贤人也。君何辞之？"春申君又曰："善。"于是使人请孙子于赵。①

春申君的门客承认荀子有着非凡的才干，可以在政治上发挥重要的作用。

在荀子的门下，还出现了先秦法家的集大成者——韩非以及辅佐秦始皇统一中国、建立专制主义中央集权制度的李斯。韩非和李斯能够做出各自的业绩并不能全部归功于他们的老师。但荀子对他们的成材肯定起到了重要的作用。李泽厚说："韩非、李斯这两位最伟大的法家，出自儒学中理性因素最强的荀子门下（而不可能出自情感性甚强的孟学），实理所当然。"②葛兆光也说："从荀子到韩非、李斯的传续，不仅仅是任务的师承关系，也是思想史上的理路延续与伸展。"③至于荀子与韩非、李斯二人的具体联系在这里不做详细论述。

一些学者认为荀子思想和《吕氏春秋》的成书有联系。郭沫若说："杂家代表《吕氏春秋》一书，事实上是以荀子思想为其中心思想"。④ 马积高也认为荀子思想对《吕氏春秋》产生了一些影响。⑤

（二）从汉至唐的荀子研究

从汉朝到唐朝，学界对荀子的研究主要集中在对荀子在儒家内部的定位上。这一时期，学者普遍把荀子和先秦儒家另一位杰出代表——孟子同等看待，他们二人被视为孔子门下的两大领军人物。

在两汉时期，对荀子研究做出首要贡献的要数西汉史学大师司马迁。司马迁将孟子和荀子同等看待："于威、宣之际，孟子、荀卿之列，咸遵夫子之业而润色之，以学显于当世。"（《史记·儒林列传》）他写下了《孟子荀卿列传》，其中关于荀子的叙述如下：

荀卿，赵人。年五十始来游学于齐。驺衍之术迂大而闳辩；奭也文具难施；淳于髡久与处，时有得善言。故齐人颂曰："谈天衍，雕龙奭，炙毂过髡。"田骈之属皆已死。齐襄王时，而荀卿最为老师。齐尚修列大夫之缺，而荀卿

① 本书《战国策》采用的版本为：刘向编集：《战国策》，齐鲁书社 2005 年版。
② 李泽厚：《历史本体论·己卯五说》，生活·读书·新知三联书店 2006 年版，第 195 页。
③ 葛兆光：《中国思想史》，第 1 卷，复旦大学出版社 2001 年版，第 169 页。
④ 郭沫若：《十批判书》，东方出版社 1996 年版，第 233 页。
⑤ 详见：马积高：《荀学源流》，上海古籍出版社 2000 年版，第 183-184 页。在古代荀学学术史研究中以马积高的著作最为全面。

三为祭酒焉。齐人或谗荀卿，荀卿乃适楚，而春申君以为兰陵令。春申君死而荀卿废，因家兰陵。李斯尝为弟子，已而相秦。荀卿嫉浊世之政，亡国乱君相属，不遂大道而营于巫祝，信祥，鄙儒小拘，如庄周等又猾稽乱俗，于是推儒、墨、道德之行事兴坏，序列著数万言而卒。因葬兰陵。

这段记述虽然很短，却是后世了解荀子生平的最重要依据。①司马迁将孟子、荀子并列为孔门两大杰出代表的做法奠定了宋明理学兴起前荀子在儒家内部的学术地位。

西汉后期的刘向对荀子的著作进行了编排整理，形成了《孙卿新书》，共 32 篇。刘向的工作对于荀子著作的保存、流传起到了重要作用。因为荀子的著作在刘向整理之前是以单篇流行于世。这种情况如果长期持续下去，很容易造成著作的散失。刘向在给皇帝的奏章中说："所校雠中孙卿书凡三百二十二篇，以相校除复重二百九十篇，定著三十二篇。"（《荀子集解·荀卿新书三十二篇（刘向叙录）》）②直到今天我们所见到的《荀子》一书仍是 32 篇的规模。刘向对荀子的评价基本上沿袭了司马迁孟荀并举的做法。在刘向看来，虽然孟子、荀子二人在人性论上各执一词，但并不影响他们同为孔门两大杰出人物的地位。

东汉史家班固对荀子的评论几乎照搬了司马迁的说法。他在《汉书·儒林传》中说："天下并争于战国，儒术既黜焉，然齐鲁之间学者犹弗废，至于威、宣之际，孟子、孙卿之列咸遵夫子之业而润色之，以学显于当世。"③

三国两晋南北朝时期，崇尚清谈的玄学和主张出世的佛学相继占据了中国学术的中心地位，儒学淡出。在这种形势下，荀子几乎为学界所淡忘。

经过几百年的分裂战乱后，中国迎来了隋唐的大一统时代。隋唐统治者重新确立了儒学的官方地位。在唐朝有两个事关荀学发展的重要人物。一个是杨倞，另一个是韩愈。自从刘向整理出《孙卿新书》后，在很长一段时期中无人给这本书作过校注。杨倞是中国历史上第一个给荀子著作作校注的学者。他的初衷是："荀子未有注解，亦复编简烂脱，传写谬误，虽好事者时

① 后来学界考证荀子生平事迹，均以司马迁的记述为主要参考资料。自清朝以来，不少学者利用先秦两汉的文献资料，力图比较准确地考证出荀子的生平事迹。学界出现了多种结论，不能达成一致的意见。为何在汉朝出现荀卿、孙卿并称的局面。对此有三种解释：避讳之说；古音通假说；二氏并称说。对卿字的含义有两种解释：卿是尊称；卿是荀子的字。这方面的介绍详见：郭志坤：《荀学论稿》，上海三联书店 1991 年版，第 1—15 页。
② 本书《荀子集解》采用的版本为：王先谦：《荀子集解》，中华书局 1988 年版。本书关于《荀子》的引文来自该版本。
③ 本书《汉书》采用的版本为：班固：《汉书》，中华书局 2007 年版。

亦览之，至于文义不通，屡掩卷焉。夫理晓则惬心，文舛则忤意，未知者谓
异端不览，览者以脱误不终"。（《荀子集解·荀子序》）正是为了能让荀
子的著作方便人们阅读研习，杨倞对《荀卿新书》进行了校注、整理。他将《孙
卿新书》改名为《荀卿子》，并对原书 32 篇的排序做了调整，分为 20 卷。
这就形成了今天我们看到的《荀子》一书。杨倞对荀子的评价仍旧沿袭了司
马迁孟荀并举的观点。他认为在战国"孔氏之道几乎息矣，有志之士所为痛
心疾首也！故孟轲阐其前，荀卿振其后。观其立言指事，根极理要，敷陈往
古，掎挈当世，拨乱兴理，易于反掌，真名世之士，王者之师。又其书亦所
以羽翼六经，增光孔氏，非徒诸子之言也。盖周公制作之，仲尼祖述之，荀、
孟赞成之"。（《荀子集解·荀子序》）

　　学术界几乎公认的孟荀并举的评价到了理学先驱韩愈那里却发生了微妙
的变化。唐人韩愈在论及孟子荀子时，不再沿袭汉代以来的既有观点，而是
有意拉开两人的距离。他在《读荀》一文中说："孟氏，醇乎醇者也；荀与
扬，大醇而小疵。"[1] 韩愈对孟子的评价是"醇乎醇"而对荀子的评价则是"大
醇而小疵"。表面上看两者之间的差距不大，但扬孟抑荀的价值取向却很清
楚。更为重要的是韩愈在编排儒家的道统系列时，将荀子排斥在外，而孟子
则名列其中。他在《原道》一文说："尧以是传之舜，舜以是传之禹，禹以
是传之汤，汤以是传之文、武、周公，文、武、周公传之孔子，孔子传之孟轲。
轲之死，不得其传焉。荀与扬也，择焉而不精，语焉而不详。"[2] 韩愈的这
种做法实际上是将荀子做了边缘化的处理。韩愈以振兴儒学为己任，而儒学
当时主要的对手是佛学。佛学对儒学的最大挑战来自形而上的领域。孟子精
微的心性之学正好派上了用场。而极具现实主义品格的荀学则显得无用武之
地了。韩愈的评价预示了在未来很长一个时期内荀子学说的历史命运。

（三）宋明时期的荀子研究

　　宋明时期，在中国思想界，理学兴起并最终占据了统治地位。这一时期
荀子研究的显著特色是荀子遭到众多理学家的批判，他们不但彻底否定了长
期以来孟荀并举的既有做法，而且也不能容忍韩愈对荀子"大醇而小疵"的

---

[1]　屈守元、常思春主编：《韩愈全集校注》，第 5 册，四川大学出版社 1996 年版，第 2717 页。
[2]　屈守元、常思春主编：《韩愈全集校注》，第 5 册，四川大学出版社 1996 年版，第 2665 页。

评价。而孟子的地位则一路上升，被理学家奉为亚圣，《孟子》一书也被列为经书。

理学家对荀子的批判集中在两点上：最重要的是荀子的性恶论；其次是荀子与法家的关系。北宋理学家程颐说："韩退之言'孟子醇乎醇'，此言极好，非见得孟子意，亦道不到。其言'荀、扬大醇小疵'，则非也。荀子极偏驳，只是一句'性恶'，大本已失。" 他还说："荀卿才高，其过多。扬雄才短，其过少。韩子称其'大醇'，非也。若二子，可谓大驳矣。然韩子责人甚恕。"① 在程颐看来荀子的性恶论是从根本上犯了大错，自然韩愈对荀子"大醇小疵"的评价也就错误了。而韩愈对主张性善论的孟子的评价则极受程颐的赞赏。

南宋理学大师朱熹沿袭了程颐的观点，也将批判的重点放在荀子的人性论上：

问："东坡言三子言性，孟子已道性善，荀子不得不言性恶，固不是。然人之一性，无自而见。荀子乃言其恶，它莫只是要人修身，故立此说？"先生曰："不须理会荀卿，且理会孟子性善。渠分明不识道理。如天下之物，有黑有白，此是黑，彼是白，又何须辨？荀扬不惟说性不是，从头到底皆不识。当时未有明道之士，被他说用于世千馀年。韩退之谓荀扬'大醇而小疵'。伊川曰：'韩子责人甚恕。'自今观之，他不是责人恕，乃是看人不破。今且于自己上作工夫，立得本。本立则条理分明，不待辨。"

或言性，谓荀卿亦是教人践履。先生曰："须是有是物而后可践履。今于头段处既错，又如何践履？"②

在朱熹看来，学者没有必要理会荀子，只须关注孟子的性善论就行了。他认为荀子人性论是错误的，在人性论上犯了错也就是在源头上犯了错，因此荀子的学说就失去了教导人的资格。

明代理学大师王阳明亦对荀子的人性论持批判的态度：

问："古人论性，各有异同，何者乃为定论？"先生曰："性无定体，论亦无定体，有自本体上说者，有自发用上说者，有自源头上说者，有自流弊处说者。总而言知，只是一个性，但所见有浅深尔。若执定一边，便不是了。

① 程颢、程颐：《二程集》，上册，中华书局 2004 年版，第 262 页、231 页。
② 黎靖德编：《朱子语类》，第 8 册，中华书局 1986 年版，第 3254 页。

性之本体原是无善无恶的，发用上也原是可以为善，可以为不善的，其流弊也原是一定善一定恶的。譬如眼有喜时的眼，有怒时的眼，直视就是看的眼，微视就是觑的眼。总而言之，只是这个眼，若见得怒时眼，就说未尝有喜的眼，见得看时眼，就说未尝有觑的眼，皆是执定，就知是错。孟子说性，直从源头上说来，亦是说个大概如此。荀子性恶之说，是从流弊上说来，也未可尽说他不是，只是见得未精耳。众人则失了心之本体。"问："孟子从源头上说性，要人用功在源头上明彻；荀子从流弊说性，功夫只在末流上救正，便费力了。"先生曰："然。"①

　　相对于程颐、朱熹对荀子人性论的彻底否定，王阳明对荀子性恶论的批评要显得温和一些。但扬孟抑荀的基调没有改变。在王阳明看来孟子是从源头上把握了人性而荀子只是从流弊上看待人性，失去了对人的本体把握。自然，孟子在人性问题上的见解要比荀子高明。

　　荀子被理学家批判的另外一个原因是他与法家的关系。朱熹说："荀卿则全是申韩，观成相一篇可见。他见当时庸君暗主战斗不息，愤闷恻怛，深欲提耳而诲之，故作此篇。然其要，卒归于明法制，执赏罚而已。"②荀子思想中的确包含一些法家成分，但在朱熹看来，荀子思想全是法家的内容。而在秦朝灭亡后的中国传统社会中，法家一直是被人严厉批判的对象。法家几乎成了反面人物的代名词。朱熹还说："如世人说坑焚之祸起于荀卿。荀卿著书立言，何尝教人焚书坑儒？只是观它无所顾藉，敢为异论，则其末流便有坑焚之理。"③在朱熹看来荀子固然不必对秦朝的焚书坑儒负直接责任，但也要负间接责任。

　　在宋明理学对荀子的批判声浪中，也有学者肯定荀子的学术地位。明代的归有光就是其中一位。他说："当战国时，诸子纷纷著书，惑乱天下。荀卿独能明仲尼之道，与孟子并驰。顾其为书者之体，务富于文辞，引物连类，蔓衍夸多，故其间不能无疵。至其精造，则孟子不能过也。自扬雄、韩愈皆推尊之，以配孟子。迨宋儒，颇加诋黜，今世遂不复知有荀氏矣。悲夫！"④不过，在宋明时期像归有光这种为荀子鸣不平的学者很少。

---

① 王守仁：《王阳明全集》，上册，上海古籍出版社 1992 年版，第 115 页。
② 黎靖德编：《朱子语类》，第 8 册，中华书局 1986 年版，第 3255 页。
③ 黎靖德编：《朱子语类》，第 8 册，中华书局 1986 年版，第 3256 页。
④ 归有光：《震川先生集》，上册，上海古籍出版社 1981 年版，第 20 页。

（四）清朝的荀子研究

与此前宋明理学家对荀子的激烈批判不同，在清朝出现了众多学者为荀子翻案的情况。有关荀子著作的文献整理也空前增多。"据有人统计，自唐至明，《荀子》的校注，包括明人那些节本、评点本，总共不过七种，而仅清代就有25种之多，不但数量徒增，而且版本考订、文字校勘、词义训释等各方面，都取得了相当可观的成绩。"①学界几乎一致认为荀学研究在清朝出现了复兴。出现这种局面的原因可以从两个方面考虑：一是宋明理学经过数百年的发展已经走向末路，流于空谈。经过明清鼎革，学界反思理学的思潮兴起。清朝虽然仍尊奉程朱理学为官方哲学，但无法阻挡新思潮的发展。二是由于满清统治者大兴文字狱，镇压汉族士人，这迫使不少士人远离现实政治，走上了考据之路。

清朝学者为荀子翻案基本上围绕着两个方面展开：一是为荀子的性恶论做辩护；二是肯定荀子在传经和礼学方面的贡献。

荀子的性恶论是宋明理学家攻击的焦点。清朝学者要为荀子翻案就必须要在这一方面提出有力的反驳。谢墉说：荀子"嫉浊世之政，而有性恶一篇，且诘孟子性善之说而反之，于是宋儒乃交口攻之矣。尝即言性者论之：孟子言性善，盖勉人以为善而为此言；荀子言性恶，盖疾人之为恶而为此言。要之，绳以孔子相近治说，则皆为偏执之论……然尚论古人，当以孔子为权衡，过与不及，师、商均不失为大贤也。"（《荀子集解·考证上》）谢墉在为荀子的性恶论辩护时抬出了孔子的人性论。孔子只是说人性相近，并未言人性善恶。因此，谢墉认为孟子荀子的人性论相对于孔子而言都是偏执之论。这样就把孟子荀子二人放在同样的位置上，也即孟荀二人均为贤人。从而恢复了汉人孟荀并举的评价。钱大昕说："宋儒言性，虽主孟氏，然必分义理与气质而二之，则已兼取孟、荀二义，至其教人以变化气质为先，实暗用荀子'化性'之说。然则荀子书讵可以小疵訾之哉？"（《荀子集解·考证上》）钱大昕的反驳可以说是击中了程朱理学的要害。程朱认为人们都具有义理之性（或称天地之性），这是纯然的善性；但是如果人只有纯然的善性，就很

---

① 郭志坤：《荀学论稿》，上海三联书店1991年版，第306页。

难解释人们的品行为什么有善恶之分。于是程朱又认为人还有气质之性。气质有清浊之分，从而为善恶之分找到了根据。钱大昕认为义理之性继承了孟子的性善论，而气质之性则汲取了荀子性恶论的思想。这就肯定了荀子性恶论的价值。

清朝学者为荀子翻案的另一根据是考证出了荀子在传经和礼学方面的贡献。在这一方面汪中用力最深，影响也最大。他说："盖自七十子之徒既殁，汉诸儒未兴，中更战国、暴秦之乱，六艺之传赖以不绝者，荀卿也。周公作之，孔子述之，荀卿子传之……荀卿之学出于孔氏，而尤有功于诸经。"（《荀子集解·考证下》）按照汪中的考证，儒家的六经得以保存、传承，荀子起到了至关重要的作用。汪中还在《荀卿子年表》一文对荀子的生平事迹作了详细的考证。梁启超对汪中的荀子研究的评价是："乾隆间汪容甫著《荀卿子通论》、《荀卿子年表》，于是荀子书复活，渐成为清代显学。"[①] 凌廷堪在《荀卿子颂》中十分推崇荀子在礼学方面的贡献。他说："夫人有性必有情，有情必有欲。故曰：'饮食男女，人之大欲存焉。'圣人知其然也，制礼以节之……若夫荀卿氏之书也，所述者皆礼之逸文，所推者皆礼之精意……后人尊孟而抑荀，无乃自放于礼法之外乎！"[②] 凌廷堪所反驳的"后人"自然是指反荀的理学家。凌廷堪认为荀子之学深得礼学精意，反对荀子意味着反对礼法。这很巧妙地回应了宋明理学家对荀子的批判。

清朝官方对荀子的态度以《钦定四库全书总目》所说的为准：荀子"以性为恶，以善为伪，诚未免于理未融。然卿恐人恃性善之说，任自然而废学，因言性不可恃，当勉力于先王之教。故其言曰：'凡性者天之所就也，不可学，不可事。礼义者，圣人之所生也，人之所学而能，所事而成者也。不可学、不可事，而在人者，谓之性。可学而能、可事而成之在人者，谓之伪。是性、伪之分也。'其辨白'伪'字甚明，杨倞注亦曰：'伪，为也，凡非天性而人作为之者，皆谓之伪。故"伪"字人旁加为，亦会意字也。'其说亦合卿本意。后人昧于训诂，误以为真伪之伪，遂哗然掊击，谓卿蔑视礼义，如老、庄之所言。是非惟未睹其全书，即《性恶》一篇，自篇首二句以外，亦未竟读矣。平心而论，卿之学源出孔门，在诸子之中最为近正，是其所长；主持

① 梁启超：《中国近三百年学术史》，东方出版社 2004 年版，第 254 页。
② 凌廷堪：《校礼堂文集》，中华书局 1998 年版，第 76—77 页。

太甚，词义或至于过当，是其所短。韩愈'大醇'、'小疵'之说，要为定论，余皆好恶之词也。"①应该说这个评价没有拘泥于程朱的成见，对荀子的评价还是比较客观的。关于荀子的性恶论，这个评价虽然认为荀子的观点于理不合，但为荀子做了辩解，认为荀子的出发点是好的。官方虽然没有恢复孟荀并举的评价，但赞成韩愈的"大醇小疵之说"，认为其他的评价是好恶之词。这实质上反驳了程朱的观点。

有清一代虽然有众多学者为荀子翻案、辩护，但始终未能撼动程朱理学的官方正统地位。这些学者的努力多以恢复孟荀并举的评价为目标。此时期，仍有学者站在程朱理学的立场上批判荀子。最后要指出的是清朝末期王先谦所著的《荀子集解》是荀学研究的集大成之作。②

二、近代中国的荀子研究

史学界普遍认为1840年的鸦片战争是中国近代史的开端。中国近代史的下限当算在1949年。在这100余年间，救亡图存和向西方学习成了中国历史的主旋律。西方学术理论对中国学界的影响日渐加深。荀子研究自然也被注入了新的时代内容。

在19世纪末，中国的维新志士在学界掀起了一场反荀运动。这场反荀运动的急先锋就是为戊戌变法运动流血牺牲的谭嗣同。他说：

孔学衍为两大支：一为曾子传子思而至孟子，孟故畅宣民主之理，以竟孔之志；一由子夏传田子方而至庄子，庄故痛诋君主，自尧、舜以上，莫或免焉。不幸此两支皆绝不传，荀乃乘间冒孔之名，以败孔之道。曰"法后王，尊君统"，以倾孔学也；曰"有治人，无治法"，阴防后人之变其法也。又喜言礼乐政刑之属，惟恐箝制束缚之具之不繁也。一传而为李斯，而其为祸亦暴著于世矣。然而其为学也，在下者术之，又疾遽其苟富贵取容悦之心，公然为卑谄侧媚、奴颜婢膝而无伤于臣节，反以其助纣为虐者名之曰"忠义"；在上者术之，尤利取以尊君卑臣愚黔首，自放纵横暴而涂锢天下之人心。……

---

① 四库全书研究所整理：《钦定四库全书总目》，上册，中华书局1997年版，第1195页。
② 王先谦的《荀子集解》成书于清朝光绪年间，仅从时间上看已进入中国近代史的范围。不过，王先谦的著作属于完全意义上的传统学术作品。因此不宜列入近代行列。

故常以为二千年来之政，秦政也，皆大盗也；二千年来之学，荀学也，皆乡
愿也。惟大盗利用乡愿；惟乡愿工媚大盗。二者交相资，而罔不托之于孔。
被托者之大盗乡愿，而责所托之孔，又乌能知孔哉？①

谭嗣同对荀子的批判和此前宋明理学家对荀子的批判相比已经有了根本
的不同。谭嗣同认为荀子假借孔子之名败坏了孔学之实。他认为孔学中民主、
反对君主专制的精华失传了。荀子倡导的是尊崇君主以及钳制人心的礼教。
荀子的学说实为两千年来君主专制的帮凶。他的批判已经跳出了儒家内部的
纷争，主要是出于对时政的考虑。甲午中日战争失败后，中国的先进分子认
为国家落后的根源在于君主专制制度，要想改变中国落后的局面就必须进行
政治改革，确立西方式的民主政体。因此批判并清算中国的君主专制主义成
为有识之士考虑的重点。谭嗣同的《仁学》就是在这种形势下产生的。谭嗣
同批判荀子实际上是在批判君主专制主义。从谭嗣同开始，探讨、批判荀子
思想中的君主专制主义成为荀子研究的一个重要内容。西方民主政治学说的
影响已经渐露端倪。

在 20 世纪初的荀子研究中，刘师培、章太炎的贡献值得一提。刘师培已
经开始利用西方逻辑学的知识来研究荀子的名学。他还利用传统学术方法对
《荀子》进行了整理。章太炎的荀子研究的特色有二：一是他主张尊荀；二
是他敢于利用西方的社会学等理论来研究荀子思想。②

在 1919 年，胡适的名著《中国哲学史大纲》出版。学术界普遍认为这是
中国近代第一部真正意义上利用西方理论研究中国哲学史的著作。胡适在这
本书的第十一篇中专门探讨了荀子的思想。该篇共分 3 章。在第一章中，胡
适首先考证了荀子的生平事迹。接着就《荀子》一书的真伪提出了自己的看
法，他说："大概《天论》、《解蔽》、《正名》、《性恶》4 篇全是荀卿
的精华所在。其余的 20 余篇，即使真不是他的，也无关紧要了。"③这种大
胆言论发前人所未发，其中的疑古色彩十分明显。他提出研究荀子必须注意
荀子与先秦诸子的关系。胡适认为荀子之所以能在儒家中独树一帜，就是因
为他博采众长。在第二章中，胡适重点探讨了荀子的天人观和人性论。胡适

---

① 谭嗣同：《仁学》，华夏出版社 2002 年版，第 95—96 页。
② 这方面的详细研究见：江心力：《20 世纪前期的荀学研究》，中国社会科学出版社 2005 年版，第 42—86 页。在目前
的荀学学术史的研究成果中，江心力关于 20 世纪前期的荀学研究成果最为全面。
③ 胡适：《中国哲学史大纲》，东方出版社 2004 年版，第 235 页。

认为荀子的天人观是建立在批判先秦道家天人观的基础上，主张征服自然，类似培根的"戡天主义"。不过，他又指出由于荀子拘泥于短见的功用主义，从而走向了反科学。胡适认为荀子不是进化论者。对于荀子的性恶论，胡适认为那是荀子针对孟子的性善论而发的。在胡适看来，由于荀子主张性恶论，所以他的教育学说特别重视人的后天学习积累。胡适还说："荀子的礼论乐论只是他的广义的教育学说。荀子以为人性恶，故不能不用礼义音乐来涵养节制人的情欲。"① 在第三章中，胡适探讨了荀子的心理学和名学。胡适认为荀子的有关论述非常符合西方的教育心理学理论。胡适还考察了荀子的名学，认为它完全符合西方的演绎法。胡适的研究结论有不少值得商榷的地方，但他所确立的荀子研究范式深深地影响了后来的荀学研究。直到今天，荀学研究仍在沿用胡适开创的分块研究法。

冯友兰是民国时期运用西方理论研究中国哲学史的又一大家。他在20世纪30年代初期写出了《中国哲学史》，这部著作受到学界的广泛好评。冯友兰大致上沿袭了胡适的研究范式，不过他对荀子的思想分类更详细，论述也更充分。关于孟子、荀子二人的区别，他说："孟子乃软心的哲学家，其哲学有唯心论的倾向；荀子为硬心的哲学家，其哲学有唯物论的倾向。"② 冯友兰认为荀子受老庄的影响，持自然主义的宇宙观。他进一步指出荀子的宇宙观决定了性恶论的出台。冯友兰认为荀子是从功利主义的角度论述心理学和国家社会的起源。他对荀子礼的看法是：它一方面具有划分等级职分、节制人欲的功能，另一方面又具备文饰人情的作用。冯友兰认为荀子的正名思想不但具有逻辑意义而且具有儒家的伦理意义。

民国时期，郭沫若、侯外庐等人运用马克思主义进行荀子研究，取得了显著的成果。郭沫若在抗日战争末期写出了《十批判书》，其中就有《荀子的批判》一文。郭沫若认为荀子的宇宙观是一种循环论，有变化无发展。关于荀子的性恶论，郭沫若认为它存在不少自相矛盾的地方。他认为孟子和荀子在人性论上对立但结论相同："在孟子是性善故能学习，在荀子是性恶故须学习。"③ 在谈及荀子的社会理论时，郭沫若认为荀子是中国两千多年封建

---

① 胡适：《中国哲学史大纲》，东方出版社2004年版，第246页。
② 冯友兰：《中国哲学史》，上册，华东师范大学出版社2000年版，第214页。
③ 郭沫若：《十批判书》，东方出版社1996年版，第207页。

社会纲常名教的开创者。在将孔孟和荀子作比较时，郭沫若推崇孔孟，因为"他们的思想在各家中是比较富于人民本位的色彩。荀子已经渐从这种中心思想脱离，但还没有达到后代儒者那样下流无耻的地步。"[①] 同时期的侯外庐推出了《中国古代思想学说史》一书，书中第十章《中国古代思想底综合者荀学》由他和赵纪彬共同完成。该书的荀子研究贯彻了马克思主义史学的研究原则：一、重视荀子思想产生的时代背景。他们在进行荀子研究时首先专门探讨了荀子所处的时代与荀学的关系。二、挖掘荀子思想中的唯物主义成分。书中写到："荀子关于'道'的理解，是站在唯物论的立场，作为物质的自然范畴而把握的"。[②] 荀子以唯物主义的态度对待天和祭祀，主张"藉助于认识自然法则而支配并征服自然。"[③] 荀子的认识论与论理学属于唯物论的范畴。荀子的性恶论也包含一定的唯物论要素。不过，文中也暴露了荀子的唯心主义因素，指出荀子"不是一个彻底的唯物论者。"[④] 郭沫若、侯外庐等人的研究成果为新中国成立后的荀子研究奠定了基础。

回顾中国近代的荀子研究，我们可以看出西方学术理论的引进是本时期荀子研究取得进展的关键所在。

三、当代中国大陆的荀子研究

1949 年，中华人民共和国成立。中国历史进入了一个崭新的阶段。伴随着新中国的建立，马克思主义的国家意识形态地位确立了下来。学术界普遍转向以马克思主义为指导进行学术研究。荀子研究自然也不能例外。建国之后的荀子研究大致可以分为以下三个阶段：

从 1949 年新中国成立到 1966 年这 17 年是荀子研究的第一个阶段。这个阶段荀子研究的显著特点是学界特别重视从唯物主义与唯心主义、辩证法与形而上学对立的角度研究荀子的思想，另外也重视荀子思想的阶级属性。

关于荀子世界观的研究。学界普遍认为荀子的世界观基本上属于唯物主义，但存在一些缺陷。杨荣国在《中国古代思想史》一书中提出：与主张天

---

① 郭沫若：《十批判书》，东方出版社 1996 年版，第 454 页。
② 侯外庐：《中国古代思想学说史》，辽宁教育出版社 1998 年版，第 232 页。
③ 侯外庐：《中国古代思想学说史》，辽宁教育出版社 1998 年版，第 234 页。
④ 侯外庐：《中国古代思想学说史》，辽宁教育出版社 1998 年版，第 239 页。

有意志的孔孟不同，荀子的看法是"自然的变化只是自然本体的变化，并不是什么天志，也与政治的好坏无关。"①杨荣国认为荀子人定胜天的思想的产生不是偶然的，是与当时生产力的发展、社会的变革分不开的。侯外庐、赵纪彬、杜国庠合著的《中国思想通史》第一卷于 1957 年出版，这本书在学术界影响很大。该书的观点是：荀子批判继承了先秦道家宋、尹学派的观点，形成了唯物主义的自然天道观。②李德永著的《荀子——公元前三世纪中国唯物主义哲学家》是该时期一本研究荀子思想的专著。从该书的副标题就可以看出作者对荀子思想的定位。李德永认为荀子的世界观有三个特点：第一，在先秦诸子中，他是一个摆脱了唯心主义本体论束缚的思想家。第二，在先秦诸子中，他是一个具有科学精神和战斗精神的唯物主义思想家。第三，在先秦诸子中，他是一个反对宗教神秘主义的杰出的无神论思想家。③不过，李德永认为荀子的世界观存在弱点：荀子的世界观有变化无发展，缺乏对科学的进一步探讨。

1963 年，任继愈主编的《中国哲学史》第一册出版。这本书主要是为了服务大学文科学生。它的发行量在建国后的哲学著作中排在前列。该书给荀子的哲学思想以非常高的评价，认为荀子的哲学体系达到了先秦时期中国哲学的最高峰。他是"我国先秦时期唯物主义哲学的集大成者。"④该书还认为由于荀子地主阶级的立场和当时科学水平的局限，他的世界观带有不少缺点。一是荀子没有摆脱循环论的影响，二是荀子思想保留了神秘主义的残余。

关于荀子性恶论的研究。学界多数观点认为荀子的人性论虽然具有一定的唯物主义因素，但不是正确的人性论，仍属于抽象的人性论。杨荣国认为荀子的性恶论是基于伦理学上的感觉论。孟子的性善论是彻头彻尾的唯心主义先验论，而荀子的性恶论则多少具有一些唯物主义的因素。他认为"两者的共同错误在于：都不是从社会实际出发，不是从社会实际出发来看'善'与'恶'的问题。"⑤侯外庐、赵纪彬、杜国庠合著的《中国思想通史》中的观点是：荀子性恶论是建立在唯物主义的自然天道观之上，它的唯物主义

① 杨荣国：《中国古代思想史》，人民出版社 1973 年版，第 330 页。
② 详见：侯外庐、赵纪彬、杜国庠：《中国思想通史》，第 1 卷，人民出版社 1957 年版，第 531-537 页。
③ 详见：李德永：《荀子——公元前三世纪中国唯物主义哲学家》，上海人民出版社 1959 年版，第 24 页。
④ 任继愈主编：《中国哲学史》，第 1 册，人民出版社 1996 年版，第 218 页。
⑤ 杨荣国：《中国古代思想史》，人民出版社 1973 年版，第 339 页。

要素在于否定了先天的良知，以善为社会关系的产物。荀子性恶论与孟子性善论的对立是唯物主义与唯心主义的对立。该书也指出了荀子人性论存在的问题。[1]李德永认为荀子性恶论具有一定的唯物主义因素，在反对唯心主义思想方面起到了一定的作用。不过，他指出荀子的伦理思想基本上还属于唯心主义的体系，原因在于荀子"一定要把人的生理本能看成是恶的，这就不仅不符合实际情况，而且也是从另一角度（即人性恶的角度）对于人性赋予了道德评价。"[2]李德永还认为荀子的人性论是封建地主阶级本性的集中反映，是为地主阶级利益和统治服务的。任继愈主编的《中国哲学史》中的观点是："荀子的人性论，只就它反对人类有所谓先天道德这一点而论，避免了孟子所犯的错误；但他的理论仍然是不正确的。"[3]因为荀子只把人看作个体的、生物学的人，而没有把人看作社会的、有阶级内容的人。该书还认为荀子的性恶论是为他的礼治、法治学说制造根据，为封建统治服务。

　　关于荀子认识论以及逻辑思想的研究。学界普遍认为荀子的认识论以及逻辑思想基本上属于唯物主义的范畴，但存在一定的局限。杨荣国认为荀子的认识论主张通过感性认识达到理性认识，肯定名是客观事物的反映。这基本符合唯物主义的认识论和逻辑思想。[4]侯外庐、赵纪彬、杜国庠合著的《中国思想通史》中的观点同样认为荀子的认识论符合唯物主义认识论的要求，比较正确地处理了感性认识与理性认识、名与实的关系。该书认为荀子的认识论与宋、尹学派有着密切的关系。关于荀子的逻辑思想，该书认为荀子批判吸收了墨家、名家、道家的成果，建立了儒家的逻辑体系。[5]李德永在肯定荀子的唯物主义认识论不同于不可知论以及狭隘经验论的同时指出了荀子认识论的一些缺陷，例如，他夸大了心的主观能动性以及"知"对"行"的指导作用。[6]任继愈主编的《中国哲学史》中认为荀子在唯物主义自然观的基础上建立了他的认识论，是对墨家唯物主义认识论的发展。但荀子的认识论并不完全符合科学，存在一些缺点，例如，他过分夸大了圣人的作用。[7]

① 详见：侯外庐、赵纪彬、杜国庠：《中国思想通史》，第 1 卷，人民出版社 1957 年版，第 572-577 页。
② 李德永：《荀子——公元前三世纪中国唯物主义哲学家》，上海人民出版社 1959 年版，第 83 页。
③ 任继愈主编：《中国哲学史》，第 1 册，人民出版社 1996 年版，第 238 页。
④ 杨荣国：《中国古代思想史》，人民出版社 1973 年版，第 333-338 页。
⑤ 详见：侯外庐、赵纪彬、杜国庠：《中国思想通史》，第 1 卷，人民出版社 1957 年版，第 542-572 页。
⑥ 详见：李德永：《荀子——公元前三世纪中国唯物主义哲学家》，上海人民出版社 1959 年版，第 28-66 页。
⑦ 详见：任继愈主编：《中国哲学史》，第 1 册，人民出版社 1996 年版，第 224-234 页。

关于荀子礼论的研究。学界普遍认为荀子给先秦儒家的礼注入了新的时代内容，使之带有明显的法家色彩，成为地主阶级统治的工具。杨荣国认为荀子的礼不同于孔孟的礼，而是注入了新的时代内容。他认为孔孟的礼的中心内容是为了维护奴隶主对奴隶的统治，而荀子的礼具有法的意味，荀子要用它达到"从经济上打倒当时种族奴隶主的目的。"[①] 侯外庐、赵纪彬、杜国庠合著的《中国思想通史》中的观点是：荀子思想中最突出的要算他的礼论。与孔子的礼不同，荀子的礼论成为"由礼到法的桥梁。"[②] 荀子还扩大了礼的范围，使之成为社会和自然界共同的法则。李德永关于荀子礼论的观点基本上不出上述观点的范围。不过，他还对比了荀子礼治与韩非法治的异同，认为他们的共同点在于都从性恶论出发，都主张建立严格的政治标准，都起到了抑私贵公、反对奴隶主贵族的作用。不同点在于：荀子主张教育而韩非强调镇压；荀子的礼治要比韩非的法治灵活；荀子认为人的作用重于法，而韩非认为法的地位是绝对的，人的作用是次要的。[③] 任继愈主编的《中国哲学史》中的观点是："为了建立并巩固封建社会的新秩序，荀子提出了以礼治为主，而又兼法治的主张。荀子所讲的'礼'与维持奴隶主世袭制的'礼'是不同的，……这种'礼'显然是破坏世卿世禄制的，因而这种'礼'反映了新兴地主阶级法治的要求。"[④]

综上所述可知，在文革前的 17 年间，大陆学界以马克思主义为指导，重点对荀子的宇宙观、人性论、认识论、逻辑思想以及礼论进行了研究，取得了显著的成果。

从 1966 年到 1976 年这 10 年可以算作荀子研究的第二个阶段。其实从严格意义上讲，文革十年中几乎没有真正学术意义上的荀子研究。这个时期的学术研究完全服从于畸形政治的现实需要。在文革后期，出于政治的需要，中国学术界兴起了一场"评法批儒"运动。一部中国历史被说成了儒法斗争史。中国历史上的人物要么被划入法家阵营，要么被列入儒家阵营。由于这场运动的基调是扬法抑儒，被划入法家阵营就意味着进步，而被列入儒家阵营则意味着反动、落后。非常有趣的是本属于儒家阵营的荀子竟然被视为法家阵

① 杨荣国：《中国古代思想史》，人民出版社 1973 年版，第 345 页。
② 侯外庐、赵纪彬、杜国庠：《中国思想通史》，第 1 卷，人民出版社 1957 年版，第 575 页。
③ 详见：李德永：《荀子——公元前三世纪中国唯物主义哲学家》，上海人民出版社 1959 年版，第 95—103。
④ 任继愈主编：《中国哲学史》，第 1 册，人民出版社 1996 年版，第 240 页。

营的人物,受到吹捧。由杨荣国主编的《简明中国哲学史》就是那个时期贯彻"评法批儒"方针的代表作。该书对荀子的定位是:"荀况早期虽名义上属儒家,但他后来已经背离了奴隶主的阶级立场,站到新兴地主阶级一边。他对儒家正宗的思孟学派,曾展开猛烈的抨击。他声讨'子思、孟轲之罪',斥子张、子夏、子游氏之贱儒(《荀子·非十二子篇》)。所以从思想实质来看,他是属于法家阵营的杰出思想家。"[①] 抓住荀子曾经批判过先秦儒家内部的一些人物这一点证据,就断定他是法家。这种不可思议的论证方式及其结论正是那个特殊年代的生动写照。

从1976年文革结束至今是荀子研究的第三个阶段。伴随着中国改革开放的进程,大陆学界逐步摆脱了旧有研究模式的束缚,利用新的研究方法、从新的研究视角进行荀子研究,有关荀子研究的成果也随之空前增多。这是新时期荀子研究的突出特点。以下分几个方面作简要的介绍。

关于荀子世界观的研究。学界的主流看法仍然认为荀子的世界观属于唯物主义。不过已经有学者对这种看法提出不同意见。宋祚胤认为荀子的宇宙观基本上属于唯心主义。他认为如果孤立地看荀子著作中的一些内容,可以得出荀子的宇宙观是唯物主义的结论。但是,从整体上对《荀子》一书的内容加以考察,就会得出不同的结论。他通过对荀子思想中"诚"、"道"等方面内容的研究,得出这样的结论:"荀况宇宙观的本体论是肇始于客观唯心主义,归结为主观唯心主义,即使偶尔有一点唯物主义,但终于消失在唯心主义的汪洋大海之中了。"[②] 这和主流观点正好相反。宋立卿提出:无论说荀子的世界观是唯物主义还是唯心主义,都没有把握住荀子哲学的基本特征。他的结论是:荀子的世界观是心物二重化的世界观,荀子关于现实物质世界的论述具有明显的唯物论倾向,而在本体论领域却走向了唯心主义。[③] 曾振宇提出不应该急于按照唯心唯物两极对立的评价方式给中国历史上的思想家帖标签,而应该从中国人自身的思维方式和中国哲学特色出发去考虑问题。他认为荀子是一个讲究实用的思想家,他的思想中既有唯物主义的成分,又有唯心主义的内容。荀子既不适合划入唯物主义阵营,也不适合列入唯心

① 杨荣国主编:《简明中国哲学史》,人民出版社1975年版,第82页。
② 宋祚胤:《论荀况的宇宙观》,载《社会科学战线》1980年第1期。
③ 宋立卿:《荀况的二重化世界观》,载《河北学刊》1989年第3期。

主义阵营。① 上述观点存在不少值得商榷的地方，但无疑对深化荀子世界观的研究有重要的启发意义。

传统观点一向认为荀子的天人观是天人相分，主张人定胜天，与孟子天人合一的思想尖锐对峙。在新时期，有学者对此观点提出了新的看法。李泽厚认为"荀子讲的'天人之分''制天命而用'，并不排斥而是包含着对自然（'天'）与人事如何相适应相符合的重视和了解。"② 因此，荀子的天人观也包含着天人合一的思想。惠吉星和李泽厚的看法相似，他认为："荀子在自然观、社会历史观上强调天人之间的差别和对立，而在道德观、人生观上却主张天人相参、相合，从而走上了向孔孟天人理论的回归之路。"③ 汪国栋利用 20 世纪 80 年代大陆学界流行的系统论，写出了《荀况天人系统哲学探索》一书。汪国栋认为："为使荀子思想研究科学化，系统论是最好的方法。"④

关于荀子人性论的研究。传统观点认为荀子的性恶论虽然有一定的唯物主义因素，但整体上仍属于抽象的先验论，认为荀子主张人天生性恶。吴乃恭对此提出了新的看法，他认为荀子并不主张人天生是恶的。荀子所说的恶是指人的自然属性在后天发展所产生的结果。⑤ 廖名春认为性恶论不是荀子人性论的全部内容，无所谓善恶的智能之性也是荀子人性论的重要组成部分。⑥ 王颖认为荀子的人性论是二元人性论，包括性恶（自然属性）和群性（社会属性）两方面的内容。 周炽成提出荀子不是性恶论者，而是性朴论者。他认为《性恶》篇很可能不是荀子所著，而是西汉后期的荀子后学或与荀学有关的人所作的。⑦ 这种观点在大陆学界十分罕见。李亚彬认为无论是孟子的性善论还是荀子的性恶论均不能得到充分的证明，"孟子、荀子提出各自人性论的目的就在于为他们各自的道德主张寻找一个逻辑前提和理论基础。因此，人性论实质上是一个理论假说。"⑧ 韩东育认为荀子的性恶论"对于甄别人与动物、人与人质量的差异，了解和接近人的内在心理结构，从哲学的角度

① 曾振宇：《荀子自然观再认识》，载《东岳论丛》1990 年第 3 期。
② 李泽厚：《中国思想史论》，上册，安徽文艺出版社 1999 年版，第 120 页。
③ 惠吉星：《荀子与中国文化》，贵州人民出版社 1996 年版，第 84 页。
④ 汪国栋：《荀况天人系统哲学探索》，广西人民出版社 1987 年版，第 27 页。
⑤ 详见：吴乃恭：《儒家思想研究》，东北师范大学出版社 1988 年版，第 154-158 页。
⑥ 详见：廖名春：《中国学术史新证》，四川大学出版社 2005 年版，第 452-458 页。
⑦ 周炽成：《荀子：性朴论者，非性恶论者》，载《光明日报》2007 年 3 月 20 日（第 11 版）。
⑧ 李亚彬：《道德哲学之维——孟子荀子人性论比较研究》，人民出版社 2007 年版，第 58 页。

抽象和概括人的本质特征，固不失为一种积极的探求，但是，这种理论喜欢把对人的本质确认定位在'人之初'，换言之，这种确认本身带有鲜明的先天色彩和推想成分。"①新时期的学者对荀子人性论的研究更为全面、细致。

关于荀子礼论的研究。既往的研究十分重视强调荀子礼论的阶级属性，普遍认为荀子给儒家的礼注入了新的时代内容，使之服务于封建地主阶级的统治。进入新时期后，荀子的礼论备受学界的关注，学界运用新方法、采取新视角对荀子的礼论进行了全面深入的研究。可以说在荀子思想研究中，这方面的研究成果最为丰富。以下分四方面加以介绍。

第一，关于荀子礼的起源的研究。越来越多的学者认为荀子是多个方面论述礼的起源。朱伯崑提出：荀子"认为礼出于人类社会生活的需要。"②他分三个方面加以说明：首先，荀子的礼源于人们群体生活的需要；其次，荀子的礼是为了适当满足人们的情欲而产生；再次，荀子的礼源于文饰人情的需要。惠吉星认为荀子的礼"不仅起源于社会生活本身的需要，不仅是调解个人与社会之间矛盾的中介；而且礼起源于天地之象，是调整人与自然矛盾的中介。"③陆建华认为荀子的礼不但来自人性恶（自然属性），而且源自人的群体性（社会属性）。④

第二，关于荀子礼的作用（或价值）的研究。当下学术界越来越多的观点认为荀子礼的作用是多方面的。胡玉衡、李育安在《荀况思想研究》中提出：荀子的礼义小至处理人与人之间的日常关系，大至治国安邦，都起着重要的作用。⑤郭志坤把荀子礼的作用分为三个方面：一是治国安邦，二是养情化性，三是辅助法治。⑥高春花认为荀子礼的价值应从以下四方面加以考察：社会理想价值、道德理想价值、社会政治价值、个体人生价值。⑦

第三，关于荀子礼的本质的研究。学术界比较普遍的意见是荀子的礼既是一种道德行为规范，又是一种政治秩序的安排。冯友兰认为荀子礼的中心思想和主要原则是"规定贵贱、上下等社会秩序。"⑧吴乃恭说："荀子的

---

① 韩东育：《法家的发生逻辑与理解方法》，载《哲学研究》2009年第12期。
② 朱伯崑：《先秦伦理学概论》，北京大学出版社1984年版，第95页。
③ 惠吉星：《荀子与中国文化》，贵州人民出版社1996年版，第51页。
④ 详见：陆建华：《荀子礼学研究》，安徽大学出版社2004年版，第46-56页。
⑤ 详见：胡玉衡、李育安：《荀况思想研究》，中州书画社1983年版，第52-55页。
⑥ 详见：郭志坤：《荀学论稿》，上海三联书店1991年版，第235-238页。
⑦ 详见：高春花：《荀子礼学思想及其现代价值》，人民出版社2004年版，第58-106页。
⑧ 冯友兰：《中国哲学史新编》，上卷，人民出版社2007年版，第536页。

礼是封建等级制度和封建道德规范的各种规定。"① 陆建华认为荀子礼的本质的首要内容是政治之礼，其次是道德规范、宇宙之道。②

第四，关于荀子礼法观的研究。李泽厚说：荀子"大讲'刑政'，并称'礼'、'法'，成为荀学区别于孔孟的基本特色。"③ 方尔加说："在荀子这里，礼变成了法律"，并指出荀子将礼法律化的后果："把礼法律化，会把道德变成他律。因为法律是不关乎个人的信仰和情感的规范，无论你信仰不信仰它，喜欢不喜欢它，都必须这样做，这是带有强制性的。礼若丧失了信仰和情感的内蕴，就应该说不再具有道德性。"④ 陆建华认为荀子之所以有援法入礼的举动和礼法并重的思想，主要是为了迎战法家的挑战，为儒家在政治上寻找出路。他还认为荀子的做法有丧失儒家立场的危险，成为荀子为后儒诟病的原因。⑤ 这些研究成果都有助于深化对荀子礼法观的认识。

关于荀子的认识论及其逻辑思想的研究。主流观点认为荀子的认识论及其逻辑思想基本上属于唯物主义范畴。宋祚胤对此提出了相反的看法，他认为荀子的认识论属于唯心主义的先验论。他通过对《荀子·解蔽》篇中有关内容的分析得出这样的结论：在荀子的认识论中，感性认识不能上升为理性认识，理性认识也不依赖感性认识。这就不符合唯物主义的认识路线。⑥

关于荀子经济思想的研究。在建国后三十年间的荀子研究中，很少有人专门论及荀子的经济思想。进入新时期，学界拓宽了荀子研究的领域，开始重视对荀子经济思想的研究。胡玉衡、李育安认为荀子的经济思想在先秦经济思想史中占有重要的地位。荀子经济思想中的义利论、重本轻末论、节用裕民论以及开源节流论都带有荀学特色，符合时代发展的潮流。该书还指出了荀子经济思想自身的历史和阶级局限性。⑦ 郭志坤认为荀子经济思想的突出特点是主张富民，这与孔孟主张均平的经济思想形成了鲜明的对比。不过，他也指出由于阶级的局限性，荀子的主张是不可能实现的。⑧ 张曙光用"重本""节用""裕民""富国"八字来概括荀子的经济论。他认为荀子高度

① 吴乃恭：《儒家思想研究》，东北师范大学出版社1988年版，第168页。
② 详见：陆建华：《荀子礼学研究》，安徽大学出版社2004年版，第63-73页。
③ 李泽厚：《中国思想史论》，上册，安徽文艺出版社1999年版，第112页。
④ 方尔加：《荀子新论》，中国和平出版社1993年版，第154页。
⑤ 详见：陆建华：《荀子礼学研究》，安徽大学出版社2004年版，第116-130页。
⑥ 宋祚胤：《论荀况的宇宙观》，载《社会科学战线》1980年第1期。
⑦ 详见：胡玉衡、李育安：《荀况思想研究》，中州书画社1983年版，第91-107页。
⑧ 详见：郭志坤：《荀学论稿》，上海三联书店1991年版，第94-102页。

重视经济是为了服务于政治：建立大一统的封建强国。^①

关于荀子学派属性的研究。目前大多数学者仍然认为荀子属于儒家学派。例如，李泽厚就认为："荀子或被视为法家，或曰儒法过渡人物，或'很明显地可以看得出百家的影响。'然而按传统说法他是儒家，比较起来，仍然更为准确。……荀与孔孟的共同点，其一脉相承处是更为基本和主要的。"^②不过，有学者对荀子的学派属性提出了自己的看法。郭志坤认为荀子的学说自成体系，"荀子学于儒家而背儒，他综合百家之学，通过解诸子之蔽，取百家之长，建立了综合诸说并以'课名实相符'为特点的荀学。"^③赵吉惠认为荀子既非儒家也非法家。他通过对荀子和黄老思想的比较研究得出结论：荀子思想符合黄老之学的理论体系与思想范畴。"荀学是整合道、儒、法、墨、名各家思想的黄老之学，荀子是战国末期黄老之学的代表人物。"^④由此看来，关于荀子学派属性的争论还会持续下去。

关于荀子在日本影响的研究。韩东育在《日本近世新法家研究》等学术成果中深入研究了荀子思想在日本近世思想转换和日本守礼之邦形成中所起的重要作用。^⑤韩东育的研究揭示了荀子思想中蕴藏着一些可以和近代西方思想对接的资源。这一事实长期以来被学界忽略了。

韩德民在《荀子与儒家的社会理想》一书中详尽地论述了荀子社会理想的历史渊源、结构及其影响。^⑥储昭华就荀子思想与现代民主政道融通的可能性进行了深入的探讨。^⑦30余年来，杨柳桥、张觉、高正、王天海等人在《荀子》一书的文献整理上做出了各自的成果。^⑧新时期的荀子研究呈现出多元发展的局面，在各个领域都取得了空前丰富的研究成果。这一时期以荀子研究为主题的论文和专著的数量超过了以往任何一个时期。^⑨

① 详见：张曙光：《外王之学——〈荀子〉与中国文化》，河南大学出版社1995年版，第24-27页。
② 李泽厚：《中国思想史论》，上册，安徽文艺出版社1999年版，第110页。
③ 郭志坤：《荀学论稿》，上海三联书店1991年版，第16页。
④ 赵吉惠：《21世纪儒学研究的新拓展》，社会科学文献出版社2004年版，第200页。
⑤ 详见：韩东育：《日本近世新法家研究》，中华书局2003年版。
⑥ 韩德民：《荀子与儒家的社会理想》，齐鲁书社2001年版。
⑦ 详见：储昭华：《明分之道——从荀子看儒家文化与民主政道融通的可能性》，商务印书馆2005年版。
⑧ 廖名春在《20世纪后期大陆的荀子文献整理研究》一文中对新中国成立以来大陆学界在《荀子》一书文献整理上的成果进行了比较全面的回顾，并进行了评价。该文刊登在《邯郸学院学报》2007年第4期上。
⑨ 由于众所周知的原因，我国的台湾地区在1949年后走上了与大陆不同的发展道路。台湾学者在荀子研究领域取得了令人瞩目的成果。此外，国外学界在荀子研究上也取得了值得肯定的成绩。佐藤将之在台湾《国立政治大学哲学学报》2003年第11期发表了《二十世纪日本荀子研究之回顾》一文。该文对20世纪30年代以来日本学界的荀子研究成果进行了总结和评价。王灵康在台湾《国立政治大学哲学学报》2003年第11期发表了《英语世界荀子研究概况》一文，该文对英美学界荀子研究的发展历程做了整体回顾。

第二节 问题的提出

时至今日，国内外学者在荀子研究上取得了丰硕的成果。这给后来的荀学研究者带来了两方面的影响：一、前人丰硕的研究成果为后来的荀学研究者提供了进一步研究的坚实基础，使后来的荀学研究者从一开始就能站在一个比较高的起点上；二、前人的成果几乎遍布荀子思想的各个领域，后来的荀学研究者要想在前人成果上有所突破，变得十分不易。

历史研究的进展基本上取决于两个因素：一是新史料的发掘利用；二是新视角、新方法的采用。在没有直接关于荀子的新文献出土的情况下，想通过新史料的运用取得荀子研究的进展是相当困难的。20 世纪 90 年代以来，郭店楚简和上博楚简的面世给先秦思想史研究带来了新的生机。但是，对荀子研究的影响却不大。回顾近代以来荀子研究的历程，几乎所有的进展都取决于新视角、新方法的采用。民国时期的胡适、冯友兰等人之所以能在荀子研究上取得重大突破，与他们采用近代西方理论是分不开的。建国后的几十年间，在马克思主义的指导下，学界在荀子研究领域取得了一系列成果。改革开放后，学界又采用新视角、新方法开辟了荀子研究的新领域，取得了丰硕的成果。

学界在荀子的宇宙观、人性论、礼论以及认识论等方面取得的成果尤为丰硕。对于初学者而言，要想在这些方面取得新的进展实属困难。鉴于荀子研究的实际情况，本书尝试从人际关系这个角度切入，以期在前人研究的基础上有所进展。

一、对人际关系的认识

人际关系是一个被多个学科共同关注的领域。在社会学领域，学界倾向于从宏观上研究人与人之间的关系，如阶级之间、阶层之间的关系；在社会心理学领域，学界则侧重于从微观上（心理上）把握人际关系。社会心理学领域现在比较通行的人际关系定义是："人们在交往过程中所形成的心理关系。"①它包括认知、情感和相应的行为表现。社会学和社会心理学这两个领域的研究都侧重运用实证调查的方法研究现实社会的人际关系。在伦理学领域侧重于阐释人际关系应该遵循什么样的原则、规范。王海明说：伦理"便是人际关系事实如何的规律及其应该如何的规范。"②何怀宏亦认为伦理学是有关人与人关系的学问，它的主旨在于阐述人们的行为规范。③在思想史研究中，学者们多从伦理的角度探讨人际关系，侧重研究历史上人际关系思想的演变轨迹，并探寻其中的原因。这和伦理学研究有着密不可分的关系。

人际关系是个大家通用的现代词汇。在中国传统文化中与之意思相近的是人伦一词。学术界多数人没有在人际关系和人伦之间进行严格的区分。余英时说："人与人之间的关系中国一直称之为'人伦'。'伦'字意思后世的注家说是'序'，即表示一种秩序。"④肖群忠说："在中国古代社会，用来表示人际关系现象的是'人伦'这个本土化的词"。⑤李祥俊说："在人类的社会生活中，人与人之间总要构成一定的人际关系，儒家把这称为人伦、大伦。"⑥不过，也有学者对人伦一词进行了比较严格的考察。潘光旦从静动两个层面对人伦做了解释。静的人伦指人的类别、流品。如性别、年龄、辈份、品德、智慧方面的差别。动的人伦指人与人之间基于各种差别所应有的关系。如父子、君臣、兄弟之间应该具有的关系。动的人伦是建立在静的人伦之上。⑦潘光旦所说的静的人伦就是指人际关系建立的事实基础，动的人伦是指理想中的人际关系，也即人际关系应当如何。前者是人际关系的实然层面，后者是人际关系的应然层面。

人伦一词较之人际关系无疑带着中国传统的古典意味，本土色彩比较显著，而人际关系则是个不折不扣的现代词汇。因而有学者更愿意用一些本土特色的词汇来指代人际关系。翟学伟认为人际关系一词在严格意义上讲是个外来语，西方学界并不常用，而中国学者引进这个概念后又将太多的内容归在人际关系这一概念之下。他认为这样做不但没有揭示出中国人际关系的特

① 沙莲香主编：《社会心理学》，中国人民大学出版社 2002 年版，第 60 页。
② 王海明：《新伦理学》，商务印书馆 2001 年版，第 104 页。
③ 详见：何怀宏：《伦理学是什么》，北京大学出版社 2002 年版，第 8 页、38 页。
④ 余英时：《中国思想传统的现代诠释》，江苏人民出版社 2003 年版，第 18 页。
⑤ 肖群忠：《中国古代人际关系现象、特点及其现代意义》，载《西北师大学报》（社会科学版）1994 年第 5 期。
⑥ 李祥俊：《儒学人伦原则的现代开展》，载《安徽大学学报》（哲学社会科学版）2005 年第 2 期。
⑦ 详见：潘光旦：《寻求中国人位育之道·潘光旦文选》，下卷，国际文化出版公司 1997 年版，第 476-477 页。

征，而且陷入了西方的理论框架和思维方式之中了。他主张用人缘、人情和人伦这三个本土特色的术语来概括中国的人际关系。"所谓人伦是指一套关于人际关系的价值体系和行为规范。"①汪文学亦持类似的观点，他说："研究中国人伦关系，特别是研究传统中国的人伦关系，与其借用西方的'人际关系'一词，不如径从传统中国文献中抽取'人伦'一词以名之，更符合传统中国之实际。"②不过，翟、王二人都指出了人际关系一词普遍被人接受、使用的事实。在翟学伟的研究中，他也时常使用人际关系一词。汪文学其实并没有用人伦一词代替人际关系而是在人伦后面加上了关系二字，形成了人伦关系这样一个杂糅古今的特殊词汇。

本书所说的人际关系主要指先秦诸子重点关心的几种人与人之间的关系。先秦诸子大多侧重从道德的角度考虑人与人之间的关系。孟子提出的五伦说对中国古代人伦思想的发展产生了深远的影响。孟子对理想的人际关系描述是："父子有亲，君臣有义，夫妇有别，长幼有序，朋友有信"。（《孟子·滕文公上》）③父子、君臣、夫妇、兄弟、朋友这五种关系大致上概括了先秦诸子考虑的人际关系。通过进一步研读先秦诸子的著作，可知他们最关注的是父子和君臣这两种人际关系。《论语·颜渊》载："齐景公问政于孔子。孔子对曰：'君君，臣臣，父父，子子。'"④墨子说："君臣父子皆能孝慈，若此则天下治。"（《墨子·兼爱上》）⑤庄子认为："天下有大戒二：其一，命也；其一，义也。子之爱亲，命也，不可解于心；臣之事君，义也，无适而非君也，无所逃于天地之间。是之谓大戒。"（《庄子·人间世》）⑥荀子说："若夫君臣之义，父子之亲，夫妇之别，则日切瑳而不舍也。"（《荀子·天论》）韩非子主张："臣事君，子事父，妻事夫，三者顺则天下治，三者逆则天下乱。此天下之常道也，明王贤臣而弗易也。"（《韩非子·忠孝》）⑦由此可见先秦诸子均把父子君臣这两种人际关系视为最基本、最重要的人际关系。在先秦诸子的人际关系序列中，父子和君臣两种人际关系总是排在前两位，而

---

① 翟学伟：《人情、面子与权力的再生产》，北京大学出版社 2005 年版，第 80 页。
② 汪文学：《传统人伦关系的现代诠释》，贵州民族出版社 2004 年版，第 3 页。
③ 本书《孟子》采用的版本为：杨伯峻：《孟子译注》，中华书局 2005 年版。
④ 本书《论语》采用的版本为：杨伯峻：《论语译注》，中华书局 2009 年版。
⑤ 本书《墨子》采用的版本为：吴毓江：《墨子校注》，中华书局 1993 年版。
⑥ 本书《庄子》采用的版本为：郭庆藩：《庄子集释》，中华书局 2004 年版。
⑦ 本书《韩非子》采用的版本为：王先慎：《韩非子集解》，中华书局 1998 年版。

其他的人际关系如夫妻关系、朋友关系则只能放在靠后的位置上。出现这种现象绝非偶然，这真实地反映了不同人际关系在先秦诸子思想中分量的轻重。在家庭中，父子关系无疑是最重要的血缘关系。这自然成为先秦诸子关注的重点。先秦诸子所说的君臣关系实际上包含了君臣和君民这两种人际关系。对此，张岱年先生有过精辟的分析："所谓君臣关系有广义与狭义之不同。狭义的君臣都属于统治阶级，臣与君虽有从属关系，但都是统治人民的。广义的君臣关系包括君民关系，民是被统治的群众。"[1]春秋战国时期社会逐步分为士农工商四个阶层。先秦诸子属于士人阶层。这个阶层的特殊之处在于他们是日渐确立的君主专制制度下官僚队伍的主体。他们一方面和国君形成权力系统中的上下级关系，另一方面又和国君一起统治权力系统外的广大民众。在国家政治系统中，士人的政治地位高于民又低于君。他们一方面要考虑与国君之间的上下级关系，君臣相处之道必然成为他们反复思考的内容；另一方面还要考虑统治阶层与人民的关系，统治阶层的代表就是国君，君民关系自然成为他们关注的重点。因此，本书选取父子、君臣、君民这三种人际关系作为研究的主要方向。先秦诸子对人际关系的把握基本上是从两个层面上展开的，一是对现实人际关系的确认，二是如何看待和处理这些人际关系。

二、荀子人际关系思想研究的现状及问题

学界对荀子的父子关系思想、君臣关系思想、君民关系思想都进行了相当深入的研究。这些研究成果深化了对荀子人际关系思想的认识。但还有值得进一步研究的地方。

学界以往在研究荀子的父子关系思想时一般都是围绕着孝道展开。学界在深入考察先秦儒家孝道的发展历程时，发现了一个相同问题：孔子、孟子对孝道格外重视，而荀子则降低了孝道的重要性。康学伟提出："孝在孟子学说中是至关重要的"，而荀子"并不把孝道看得那么重"。[2]肖群忠认为"荀子并不以传孝道而著名"，仅把孝道"看作表现家庭伦理的一般道德"。[3]

---

① 张岱年：《中国伦理思想研究》，江苏教育出版社 2009 年版，第 112 页。
② 康学伟：《先秦孝道研究》，吉林人民出版社 2000 年版，第 181 页。
③ 肖群忠：《孝与中国文化》，人民出版社 2001 年版，第 53 页。

王长坤也说："在荀子思想体系中，'孝'并不占重要地位"，孝道"不是荀子思想的主体"。① 康学伟、王长坤都注意到荀子提出了"君恩重于亲恩"的观点。他们认为荀子之所以抱着这样一种父子观是因为荀子要迎合战国时期日渐成熟的君主专制制度。② 从战国时期的政治制度出发来考察荀子的父子观无疑具有重要的学术价值。本书第二章将在上述研究成果的基础上从别的视角对荀子的父子关系思想做进一步的探讨。通过对先秦儒家父子关系思想的再梳理，可以看出荀子之前的先秦儒家之所以把父子关系看得重于一切是因为他们抱着血缘亲情至上的理念，而荀子则放弃了血缘亲情至上的理念，推崇政治公平至上，孝道的地位自然下降。荀子这样做的深层原因在于士人阶层对君主有严重的依赖性。

　　在学界一直不乏批判荀子君臣关系思想的论调。他们认为荀子在君臣关系上主张臣下迎合君主，顺从了君主专制主义，失去了先秦儒家应有的气节。早在清末谭嗣同就对荀子的君臣观进行了激烈的批判，他说："二千年来之政，秦政也，皆大盗也；二千年来之学，荀学也，皆乡愿也。惟大盗利用乡愿；惟乡愿工媚大盗。"③ 谭嗣同认为荀子是一味迎合专制君主的没有原则立场的乡愿。当代学者方尔加认为孔孟在处理君臣关系时都是本着"尊道重于尊君"的原则，而荀子的思想却是以重君轻道为取向，"为王者尊已成为荀子思想的一个非常重要的方面。这也就是他对儒家所作的重要改变。这种改变，使儒家从此以更加积极主动的姿态投入王者的怀抱，直接从王者的利益出发为其出谋划策。"④ 荀子在谈及君臣相处之道时引进了有关权术的内容。学界对荀子的这种做法普遍持批判的态度。孔繁认为荀子这种做法与儒家出仕行道精神背道而驰。⑤ 学界对荀子君臣关系思想的批判不无道理。本书第三章将在上述研究的基础上做进一步的探讨。荀子的君臣观和孔孟相比确实发生了明显的转变，这种转变给人最直观的印象是从理想主义走向了现实主义。不过，荀子在改造儒家君臣观的同时也力图守住儒家的基本道德底线。荀子

① 王长坤：《先秦儒家孝道研究》，巴蜀书社 2007 年版，第 249、257 页。
② 详见：康学伟：《先秦孝道研究》，吉林人民出版社 2000 年版，第 183 页；王长坤：《先秦儒家孝道研究》，巴蜀书社 2007 年版，第 256—257 页。
③ 谭嗣同：《仁学》，华夏出版社 2002 年版，第 96 页。
④ 方尔加：《荀子新论》，中国和平出版社 1993 年版，第 46 页。
⑤ 详见：孔繁：《荀子评传》，南京大学出版社 1997 年版，第 106 页。郭沫若甚至不愿相信这些言术的内容是出自荀子的手笔，详见：郭沫若：《十批判书》，东方出版社 1996 年版，第 230-233 页。

思想的转变除了与君主专制制度有关外，还有其他原因：荀子力图改变当时儒学不受统治者重用的局面。荀子思想的转变更与当时士人严酷的生存现状有着密切的关联。荀子的一些做法有其不得已的苦衷。从这些角度出发考察荀子的君臣观，我们会以一种同情的眼光看待荀子对先秦儒家君臣观的改造。

　　在荀子君民关系思想研究上，学界得出了两种不同的结论。一些学者认为荀子继承了孔孟的民本主义思想，坚持了先秦儒家民为本君为末的立场。代表人物有金耀基、廖名春、徐儒宗等人。[①] 而另外一些学者则认为荀子背离了孔孟的民本立场，走向了君本主义，他们认为荀子主张君为本、民为末。代表人物有游唤民、王保国、陈雍等人。[②] 这两种不同的观点都有各自的根据。本书第四章将对学界在荀子君民关系思想研究上的争论做出新的解读。通过对荀子君民思想的再研究可知：当荀子论证君主制的政治正当性时，他主张民为本、君为末。而当荀子谈及政治治理时，他主张君为本，民为末。君本和民本并存于荀子的思想中。民众始终占社会多数，以民为本和为民谋利可以为君主制的正当性找到最广泛的道德支持。这是荀子民本主义的由来。荀子认为政治治理要靠有道德有学识的精英集团。而在荀子看来，民众既无德又无知，因此他们没有资格参与政治治理。在荀子的政治理想中，君主及其手下的官员都应是有德有识的精英。这是荀子君本主义的由来。通过荀子与孔孟相关思想的进一步比较可知，他们在君民关系的认识上并无二致。

　　在以往的研究中，缺乏荀子与其他学派人际关系思想的系统对比。[③] 在进行荀子人际关系思想研究时，一方面应该重视儒家内部的对比研究，另一方面也应该重视不同学派之间相关主张的对比研究。不进行先秦儒家内部的对比研究，就无法充分理解荀子思想与先秦诸儒的联系和区别；不把荀子与其他学派在人际关系思想上的主张进行比较，就无法凸显荀子人际关系理论的儒家特色。本书第五章将着力比较荀子与其他学派人际关系思想的异同。通过对荀子与墨子、庄子、韩非子人际关系思想的对比，可知荀子一方面力图

----

① 详见：金耀基：《中国民本思想史》，法律出版社 2008 年版，第 78—97 页；廖名春：《论荀子的君民关系说》，载《中国文化研究》1997 年夏之卷；徐儒宗：《人和论——儒家人伦思想研究》，人民出版社 2006 年版，第 356—373 页。

② 详见：游唤民：《先秦民本思想》，湖南师范大学出版社 1991 年版，第 139—168 页；王保国：《评荀子的君本论和君民"舟水"关系说》，载《史学月刊》2004 年第 11 期；王保国：《两周民本思想研究》，学苑出版社 2004 年版，第 267—289 页；陈雍：《"君本"抑或"民本"——荀子君民关系思想探源》，载《学习与实践》2007 年第 11 期。

③ 徐儒宗就儒家与墨家、道家、法家人伦思想的异同进行了整体上的比较研究。这种比较研究暗含着视先秦儒家为一个高度的同一体，而忽视了从孔子到荀子这几百年间先秦儒家思想的转变。详见：徐儒宗：《人和论——儒家人伦思想研究》，人民出版社 2006 年版，第 531—556 页。

在某些方面坚持儒家的立场，另一方面他也汲取了其他学派的一些思想。

　　本书力图贯彻社会史与思想史相结合的原则，通过对比研究的方法，对荀子的人际关系思想进行再考察，以期达到对荀子人际关系思想的进一步认识。本书的研究将围绕着父子、君臣、君民这三种最受先秦诸子关注的人际关系展开。本人才疏学浅，书中肯定存在不少不当之处，唯希望研究成果能够起到抛砖引玉的作用。

第二章
从先秦儒家思想的流变看荀子的父子关系思想

从春秋末期的孔子到战国中后期的孟子，先秦儒家均把以血缘为纽带的父子关系看得比其他任何人际关系都重要。先秦儒家处理父子关系的理论，可以归结为他们推崇的孝道。孝道的核心是儿女善事父母。到了战国末期的荀子，儒家人际关系思想的发展出现了转折性的变化，父子关系被安置在次要的位置，君臣关系占据了优先位置，孝道仅被视为一般的道德。对于荀子思想的转变，康学伟、肖群忠、王长坤等人认为这是荀子迎合君主专制制度的表现。[①] 这种观点具有重要的学术价值。本书将在上述研究成果的基础上对先秦儒家父子关系思想的流变进行再梳理，并从另外一些视角看待荀子思想的转变。

第一节 孔孟诸儒对父子关系的优位安置

一、处理父子关系的原则：重亲情自愿

从孔子到孟子，先秦儒家对父子关系格外重视。自然，以处理父子关系为中心的孝道也一直备受儒家的推崇。孔子认为在处理亲子关系时，子女应把对父母的孝敬建立在自觉自愿的情感基础上。[②] 因此，孔子认为儿女在孝敬父母的问题上最重要的是从精神上给父母以关怀，而不能仅仅停留在物质

---

① 详见：康学伟：《先秦孝道研究》，吉林人民出版社 2000 年版，第 179-184 页；肖群忠：《孝与中国文化》，人民出版社 2001 年版，第 53 页；王长坤：《先秦儒家孝道研究》，巴蜀书社 2007 年版，第 242-257 页。康学伟、王长坤在各自的著作中从孝道的角度对先秦儒家思想进行了比较系统的研究。
② 在父权占优势的时代，亲子关系中以父子关系最为重要。古人谈亲子关系时往往把父子关系放在首位，家庭内部的母子、父女等亲子关系都是参照父子关系来处理。父子关系其实代表了亲子关系。

的供养上：

　　子游问孝。子曰："今之孝者，是谓能养。至于犬马，皆能有养；不敬，何以别乎？"（《论语·为政》）

　　子夏问孝。子曰："色难。有事，弟子服其劳；有酒食，先生馔，曾是以为孝乎？"（《论语·为政》）

　　在孔子看来，如果子女仅仅从物质方面满足父母的需要，那与饲养家畜就没有什么区别了。孔子认为子女在尽孝的过程中要把对父母的爱心敬意自然地流露出来，这样才能让父母感觉到子女是在诚心诚意地尽孝，而不是出于外在强制因素的考虑。孔子认为儿女对父母的孝心不但要表现在父母健在的时候，而且在父母去世后还要持续下去。孔子的这一思想可从下面一段记载中看出：

　　孟懿子问孝。子曰："无违。"樊迟御，子告之曰："孟孙问孝于我，我对曰，无违。"樊迟曰："何谓也？"子曰："生，事之以礼；死，葬之以礼，祭之以礼。"（《论语·为政》）

　　这段话中的"死，葬之以礼，祭之以礼"包含着子女要为故去的父母服三年之丧的内容。[1] 对于子女要为父母服三年之丧的要求，不但在今人看来太长了，就是孔子的学生宰我也对此提出了质疑：

　　宰我问："三年之丧，期已久矣。君子三年不为礼，礼必坏；三年不为乐，乐必崩。旧谷既没，新谷既升，钻燧改火，期可已矣。"子曰："食夫稻，衣夫锦，于女安乎？"曰："安。""女安，则为之。夫君子之居丧，食旨不甘，闻乐不乐，居处不安，故不为也。今女安，则为之！"宰我出。子曰："予之不仁也！子生三年，然后免于父母之怀。夫三年之丧，天下之通丧也，予也有三年之爱于其父母乎！"（《论语·阳货》）[2]

　　孔子的学生宰我认为三年之丧的时间太长，可能产生一些负面影响，即他所说的君子三年不习礼、不奏乐可能导致礼坏乐崩。因此宰我提出缩短丧期，应变为一年。针对学生的疑问，孔子并没有从礼制的角度对学生加以反驳。他只问学生在父母故去后的三年中吃好的食物、穿好的衣服时心里安生不安

---

[1]　这只是一种笼统的讲法。实际上，先秦儒家关于子女为父母服丧有十分细致的规定，详见：《仪礼·丧服》。
[2]　李泽厚认为这是《论语》中"最关键一章"，"孔子将'礼'（'三年之丧'）建立在心理情感原则（'心安'）上。于是儒学第一原则乃人性情感。"见：李泽厚：《论语今读》，生活·读书·新知三联书店2004年版，第488页。

生。孔子明显是想提醒宰我儿女如果不为父母服三年之丧会在感情上过不去。出乎孔子的意料，宰我并没有接受孔子的启发，而是回答心安。尽管孔子对宰我不识相的回答感到很生气，但他还是没有搬出礼制来压学生。在学生走后，孔子说出人们要为父母服三年之丧是因为儿女都在父母怀中待过三年，为了回报父母的恩情从情理上应服三年之丧。

由此我们可以看出，孔子主张父子之间的关系是建立在血缘恩情的基础上，处理父子关系不应涉及强制性的因素。在处理亲子关系的问题上，儒家之所以总是强调儿女要对父母尽孝，那是基于一个普遍的事实：在亲子关系上，长辈总是施恩在前，而且父母对子女的爱总是无微不至。

学界一般认为孔子学说的核心是仁学。孔子主张"为仁由己"（《论语·颜渊》），仁就是"爱人"。（《论语·颜渊》）孔子认为爱人就是从爱父母亲人开始的：

子曰："弟子，入则孝，出则悌，谨而信，泛爱众，而亲仁。行有余力，则以学文。"（《论语·学而》）

在孔子看来只有先做到了善事父母，把家庭关系处理好了才能谈得上去处理好其他的人际关系。孔子的学生有子说："其为人也孝弟，而好犯上者，鲜矣；不好犯上，而好作乱者，未之有也。君子务本，本立而道生。孝弟也者，其为仁之本与！"（《论语·学而》）这很好地阐述了孝道和父子关系在孔子仁学体系中所占的地位，处理好以父子关系为中心的家庭关系是为仁之根本所在。

孔子认为在家庭中，一旦父母出现了失误，儿女应该婉言相劝，但不能直言劝谏，以免伤及亲情。孔子说："事父母几谏，见志不从，又敬不违，劳而不怨。"（《论语·里仁》）在孔子看来，如果父母在子女婉言相劝之后还不能改过，子女也不应有任何怨言，仍要保持对父母的爱敬不变。《论语·宪问》篇载："子路问事君。子曰：'勿欺也，而犯之。'"孔子主张臣面对君的失误可以据理力争、犯颜直谏。不过这种处理君臣关系的方式是不能应用在父子关系中。

孔子主张儿子在父亲去世之后的三年中要延续父亲的做法不变。孔子认为这样做是孝子的表现。他说："父在，观其志；父没，观其行；三年无改于父之道，可谓孝矣。"（《论语·学而》）① 按照今天的常规思维，如果父亲生前的做法是正确的，儿子继承下来是理所当然的事情；如果父亲生前的做法是错误的，儿子当然就不应把错误延续下去，而是应该及时改正。不过，孔子并不是这么想的。他认为如果儿子在父亲去世不久就改变父亲生前的做法，就表明儿子不尊重父亲。这是不孝的表现。在孔子看来，在处理父子关系时，出于维护父子亲情的需要可以超越一时的是非。在孔子的思想深处隐藏着血缘亲情至上的价值观。②

孔子的学生曾子以孝闻名于世。曾子同样认为在处理亲子关系时，子女应该自觉自愿地为父母着想。《大戴礼记·曾子本孝》中有如下记载：

曾子曰："忠者，其孝之本与！孝子不登高，不履危，痹亦弗凭，不苟笑，不苟誉，隐不命，临不指，故不在尤之中也。孝子恶言死焉，流言止焉，美言兴焉，故恶言不出于口，烦言不及于己。故孝子之事亲也，居易以俟命，不兴险行以徼幸。孝子游之，暴人违之。出门而使不以，或为父母忧也。险涂隘巷，不求先焉，以爱其身，以不敢忘其亲也。"③

曾子认为孝之根本在于子女对父母发自内心的忠实的爱。从这一点出发，子女就会时时刻刻注意自己的一言一行，生怕自己的举动给父母带来负面影响。曾子和孔子一样认为儿女在尽孝的过程中对父母的情感关怀要重于物质上的供养，曾子说："孝有三：大孝尊亲，其次不辱，其下能养。"（《大戴礼记·曾子大孝》）

曾子认为人生在世尽孝要及时，他说："人之生也，百岁之中，有疾病焉，有老幼焉，故君子思其不复者而先施焉。亲戚既殁，虽欲孝，谁为孝？年既耆艾，虽欲弟，谁为弟？故孝有不及，弟有不时，其此之谓与！"（《大戴礼记·曾子疾病》）在曾子看来，君子要优先考虑为父母尽孝，因为一旦失去亲人，就再也找不回尽孝的机会。

在劝谏父母的问题上，曾子和孔子持相同的态度。曾子说："父母之行，若中道则从，若不中道则谏，谏而不用，行之如由己。从而不谏，非孝也；

谏而不从，亦非孝也。孝子之谏，达善而不敢争辨。争辨者，作乱之所由兴也。由己为无咎则宁，由己为贤人则乱。孝子无私乐，父母所忧忧之，父母所乐乐之。"（《大戴礼记·曾子事父母》）曾子认为如果父母所为符合正道，子女自然要服从父母；如果父母所为不合正道，子女就应善言相劝，但不能据理力争。在曾子看来，儿女见到父母有过错而不劝谏是不孝，但因父母不听劝谏而不再服从父母也是不孝。曾子认为子女即便是站在正确的立场上也不应该和父母争辩。他认为亲子之间的争辩会引来祸乱。实际上是担心伤害亲情。曾子说："父母爱之，喜而不忘；父母恶之，惧而无怨；父母有过，谏而不逆。父母既殁，以哀祀之加之，如此谓礼终矣。"（《大戴礼记·曾子大孝》）曾子认为不管父母对子女的态度如何，子女都应保持对父母的孝心不变。

孟子与孔子、曾子一样认为子女尽孝是出于人情自愿，而不是出于外在强制因素的考虑。孟子说："盖上世尝有不葬其亲者，其亲死，则举而委之于壑。他日过之，狐狸食之，蝇蚋姑嘬之。其颡有泚，睨而不视。夫泚也，非为人泚，中心达于面目，盖归反虆梩而掩之。掩之诚是也，则孝子仁人之掩其亲，亦必有道矣。"（《孟子·滕文公上》）在孟子看来，当儿女看到被随意处置的亲人尸体被野兽、昆虫吞噬时，即便没有外人在场，他们的心中也会产生一种强烈的愧疚之情。他们会因此脸上冒汗，眼睛也不敢再正视亲人的尸体。这种愧疚之情会促使他们重新安葬亲人。这和孔子对三年之丧的解释如出一辙。孔孟均抓住人们内心深处的情感来讲道理。孔孟都认为在处理父子关系时不应让外在的强制因素介入其中。

其实孟子的性善论更能说明他在父子关系上的立场。[1] 孟子举出任何人看到素不相识的小孩将要入井时都会产生恻隐之心的例子来证明人天生具有善性。他说："所以谓人皆有不忍人之心者，今人乍见孺子将入于井，皆有怵惕恻隐之心——非所以内交于孺子之父母也，非所以要誉于乡党朋友也，非恶其声而然也。由是观之，无恻隐之心，非人也；无羞恶之心，非人也；无辞让之心，非人也；无是非之心，非人也。恻隐之心，仁之端也；羞恶之心，义之端也；辞让之心，礼之端也；是非之心，智之端也。人之有是四端也，

---

① 徐复观较早地把孟子的孝道与其性善论联系起来，详见：徐复观：《中国思想史论集》，上海书店出版社 2004 年版，第 131-173 页。

犹其有四体也。"（《孟子·公孙丑上》）人们对素不相识的小孩尚且会产
生恻隐之心，更何况对自己的父母。孟子认为人们行善是顺应了天生的善性。
这一点可以更清楚地从他与告子的一段辩论中看出：

告子曰："性犹杞柳也，义犹桮棬也；以人性为仁义，犹以杞柳为桮棬。"
孟子曰："子能顺杞柳之性而以为桮棬乎？将戕贼杞柳而后以为桮棬也？如
将戕贼杞柳而以为桮棬，则亦将戕贼人以为仁义与？率天下之人而祸仁义者，
必子之言夫！"（《孟子·告子上》）

告子认为把人性等同于仁义就好比把作为原材料的杞柳当成了制成品的
桮棬。孟子的回应是围绕着顺性和逆性展开的。在孟子看来问题关键在于桮
棬是顺着杞柳之性做成的还是逆着杞柳之性做成的。孟子认为告子无疑是主
张桮棬是逆着杞柳之性做成的，进一步讲，告子实质上主张人们为善是逆人
性而为。这正是孟子极力反对的观点。孟子认为人之为善就好比水势就下一
样自然，为善是顺应了人天生的善性。

从孟子的性善论出发，我们很容易得出结论：孝作为一种美德就是顺着
人性自然发展的结果。孟子说："人之所不学而能者，其良能也；所不虑而
知者，其良知也。孩提之童无不知爱其亲者，及其长也，无不知敬其兄也。
亲亲，仁也；敬长，义也；无他，达之天下也。"（《孟子·尽心上》）在
孟子看来，由于人人具有天生的良知良能，因而小孩子长大之后都自然会爱
戴父母。孟子和孔子、曾子一样认为在处理父子关系时，晚辈对长辈的关怀
不能只停留在物质的层面。孟子说："曾子养曾晳，必有酒肉；将彻，必请
所与；问有余，必曰，'有。'曾晳死，曾元养曾子，必有酒肉；将彻，不
请所与。问有余，曰，'亡矣。'——将以复进也。此所谓养口体者也。若
曾子，则可谓养志也。事亲若曾子者，可也。"（《孟子·离娄上》）

在处理父子关系的问题上，孟子认为为了使父子亲情免受伤害，父子之
间不应以善相责。他说："责善，朋友之道也；父子责善，贼恩之大者。"（《孟
子·离娄下》）在孟子看来，父子之间即便是出于好意，也不应该互提意见。
他认为这样做会极大地损害父子关系。孟子最推崇的孝子是舜。综观《孟子》
一书，我们知道舜不把父母几次三番的陷害放在心上，没有任何怨言，始终

如一地保持着对父母的孝心不变。①在对待父母过错的问题上，孔子曾子至少还主张婉言相劝，而到了孟子这里干脆连婉言相劝也取消了，亲情彻底超越了是非标准。②

二、父子关系重于君臣关系

在孔子看来，父子关系重于其他一切社会关系。当其他的社会关系与父子关系发生冲突时，要优先保证父子关系不受损。《论语·子路》载："叶公语孔子曰：'吾党有直躬者，其父攘羊，而子证之。'孔子曰：'吾党之直者异于是：父为子隐，子为父隐。——直在其中矣。'"当父亲做了损害他人正当利益的事情，违反了国法，儿子该怎么办？在孔子看来，为了保证家庭内部父子之间的私人关系及其亲情不受损害，作儿子的可以暂时牺牲社会公德，可以暂时不顾国家法制，把父亲的过失隐瞒起来。③对于同样的事例，韩非子有着截然相反的看法，他说："楚之有直躬，其父窃羊而谒之吏，令尹曰：'杀之。'以为直于君而曲于父，报而罪之。以是观之，夫君之直臣，父之暴子也。鲁人从君战，三战三北。仲尼问其故，对曰：'吾有老父，身死莫之养也。'仲尼以为孝，举而上之。以是观之，夫父之孝子，君之背臣也。故令尹诛而楚奸不上闻，仲尼赏而鲁民易降北。"（《韩非子·五蠹》）在韩非子看来，揭发父亲犯罪的儿子固然有损亲情，但却是坚守国君法令的正直之士；在战场上，儿子以为父尽孝的名义当了逃兵，固然保全了私家的利益，但却置国家安危于不顾，容易导致战争的失败。韩非子认为过于强调亲情和孝道会威胁到国家治理和安全。当父子关系与君臣关系发生矛盾时，尽孝与尽忠发生冲突时，孔子和韩非子给出了相反的答案。通过对比，我们可以清楚地看出在孔子的思想深处父子关系要重于君臣等其他人际关系。

曾子同样把父子关系放在君臣关系之上。曾子说："往而不可还者亲也。至而不可加者年也。是故孝子欲养，而亲不待也。木欲直，而时不待也。是

---

① 《孟子·万章上》载："父母使舜完廪，捐阶，瞽瞍焚廪。使浚井，出，从而揜之。"
② 曾振宇认为孟子这一主张偏离了孔子的孝道，"父子之间不责善"这一命题并不表现为哲学与伦理学意义上的进步。见：曾振宇：《孟子孝论对孔子思想的发展与偏离——从"以正致谏"到"父子不责善"》，载《史学月刊》2007年11期。其实孟子从根本上说还是和孔子一致的，都是出于对血缘亲情的推崇和维护。
③ 这里必须说明的是孔子虽然主张亲亲互隐，但是他认为子女有义务婉言劝谏犯错的父母。孔子的主张固然不完美，但是符合人之常情。因为人生最可信赖的是亲情和家庭。

故椎牛而祭墓，不如鸡豚逮亲存也。故吾尝仕齐为吏，禄不过钟釜，尚犹欣
欣而喜者，非以为多也，乐其逮亲也。既没之后，吾尝南游于楚，得尊官焉，
堂高九仞，榱题三围，转毂百乘，犹北乡而泣涕者，非为贱也，悲不逮吾亲也。
故家贫亲老不择官而仕。若夫信其志，约其亲者，非孝也。"（《韩诗外传》
卷七）① 在曾子看来，当父母健在时，子女为了尽孝可以不计较官职的大小
而加以接受。一旦父母故去，无论做多么大的官都没有意义了，因为不能用
官俸来孝敬父母了。从中不难看出，曾子认为父子关系重于君臣关系，他入
仕的目的主要是为了及时尽孝。

　　郭店楚简同样记载了父子关系重于君臣关系的内容："疏斩衰布绖杖，
为父也，为君亦然。疏衰齐牡麻绖，为昆弟也，为妻亦然。袒免，为宗族也，
为朋友亦然。为父绝君，不为君绝父。为昆弟绝妻，不为妻绝昆弟。为宗族
疾朋友，不为朋友疾宗族。"② 李存山认为这反映了先秦儒家"父子关系高
于君臣关系、反对将君臣关系绝对化的思想"。③ 刘乐贤也认为这段资料是"以
血缘关系为重，也就是说父子关系重于君臣关系"。④

　　孟子认为父子之间的亲情高于一切。为了维护父子关系，子女可以放弃
一切：

　　桃应问曰："舜为天子，皋陶为士，瞽瞍杀人，则如之何？"孟子曰："执
之而已矣。""然则舜不禁与？"曰："夫舜恶得而禁之？夫有所受之也。""然
则舜如之何？"曰："舜视弃天下犹弃敝蹝也。窃负而逃，遵海滨而处，终
身欣然，乐而忘天下。"（《孟子·尽心上》）

　　在孟子看来，如果出现了瞽瞍杀人的情况，作为天子的舜一定会把保护
父亲免于法律的惩罚放在首位。舜会像丢弃破鞋一样放弃管理天下的职责，
然后带着父亲逃到一个可以躲避法律制裁的地方。瞽瞍固然是舜的父亲，而
舜却是天子。因此从血缘上讲，他们是父子关系；从政治上讲，他们是君臣
关系。如果出现了瞽瞍杀人的情况，对于舜而言就会引发父子关系与君臣关
系的冲突。从父子关系的角度来看，舜肯定不愿意看到自己的父亲受到法律
的处罚；从君臣关系的角度来看，舜却应该协助法官按照法律严惩瞽瞍。孟

---

① 本书《韩诗外传》采用的版本为：许维遹：《韩诗外传集释》，中华书局 1980 年版。
② 李零：《郭店楚简校读记》，中国人民大学出版社 2007 年版，第 171 页。
③ 转引自姜广辉主编：《经学今诠四编》，辽宁教育出版社 2004 年版，第 159 页。
④ 转引自姜广辉主编：《经学今诠四编》，辽宁教育出版社 2004 年版，第 160 页。

子的设计方案实质上是让舜放弃来自君臣关系的政治职责以确保父子关系不受损害。

孟子进而认为为了维系家庭内部的兄弟亲情，可以置政治公平于不顾。《孟子·万章上》载："万章曰：'舜流共工于幽州，放驩兜于崇山，杀三苗于三危，殛鲧于羽山，四罪而天下咸服，诛不仁也。象至不仁，封之有庳。有庳之人奚罪焉？仁人固如是乎——在他人则诛之，在弟则封之？'曰：'仁人之于弟也，不藏怒焉，不宿怨焉，亲爱之而已矣。亲之，欲其贵也；爱之，欲其富也。封之有庳，富贵之也。身为天子，弟为匹夫，可谓亲爱之乎？'"象是个无赖之徒，作为舜的弟弟几次谋害舜。舜对不仁的共工、驩兜、三苗、鲧都施加了惩罚，而对不仁的象非但不惩罚，反而加封，让他享受荣华富贵。对此，孟子的学生万章感到困惑。这实质上是对儒家的政治公平提出了疑问。孟子则站在私人亲情的立场上肯定了舜的做法是合理的。在他看来为了维护家庭内部兄弟之间的私人关系，可以牺牲政治上的公平。本来，作为天子应该公平执政，对不仁之人均应施加惩罚，对官员的任用也应本着任人唯贤的原则。可是在血缘亲情至上的理念下，作为天子的舜可以不顾政治公平，分封不仁的象。亲情至上的理念就这样损害了政治公平。[①]

孔子将处理父子关系的孝视为仁之根本。曾子对孝的定位是："夫孝者，天下之大经也。夫孝，置之而塞于天地，衡之而衡于四海，施诸后世，而无朝夕，推而放诸东海而准，推而放诸西海而准，推而放诸南海而准，推而放诸北海而准。"（《大戴礼记·曾子大孝》）孝道被曾子推崇为放之四海皆准的真理大道。孟子说："事，孰为大？事亲为大"。（《孟子·离娄上》）又说："仁之实，事亲是也；义之实，从兄是也；智之实，知斯二者弗去是也；礼之实，节文斯二者是也；乐之实，乐斯二者，乐则生矣；生则恶可已也，恶可已，则不知足之蹈之手之舞之。"（《孟子·离娄上》）先秦儒家的核心理念仁义在孟子看来就是处理以父子关系为核心的家庭伦理。从孔子到孟子，先秦儒家把尽孝道、处理好父子关系看作是人生最重要、最根本的事情。

[①] 刘清平认为"孔子和孟子不仅赋予了'血亲情理'以'本原根据'的意义，而且还进一步赋予了它以'至高无上'的地位，试图将它置于人们的行为活动应该遵循的其他一切准则之上，使之成为其他一切准则都必须无条件服从的最高原则。"见：郭齐勇主编：《儒家伦理争鸣集》，湖北教育出版社 2004 年版，第 857-858 页。这给本书写作以重要启示。刘清平认为舜背父潜逃属于徇情枉法，舜分封对象属于任人唯亲，这两者都是腐败行为，而且都源于孔孟对血缘亲情的推崇。他的观点得到一些学者的赞同但也遭到郭齐勇等人的反驳，后者认为这两个举动都具有其合理性，不能算作腐败行为。双方的争论详见郭齐勇主编《儒家伦理争鸣集》。本书认为血缘亲情至上的理念确实会在一定程度上损害政治公平，但这种理念也确有其存在的社会历史根源。

我们可以说自孔子至孟子的先秦儒家都是本着血缘至上的观念来看待人际关系。在这种理念的指导下，任何因素一旦与维护父子之间的亲情发生了冲突，都要成为被牺牲的对象。在他们的人际关系序列中，父子关系被放置在优先的位置。不管是孔子主张的子为父隐还是孟子主张的瞽瞍杀人、舜背父潜逃，都说明了这一点。因此，我们可以说从春秋末期的孔子到战国中后期的孟子都是优先考虑处理父子关系，君臣关系被放置在次要的位置上。这种情况，到了战国末期的荀子那里却发生了明显的改变。

第二节　荀子对父子关系的次位安置

学界在深入考察先秦儒家孝道的发展历程时，注意到了一个相同问题：与孔子、孟子对孝道的优位考虑不同，荀子对孝道做了降格处理。康学伟提出：荀子"并不把孝道看得那么重"。[①] 肖群忠认为荀子仅把孝道"看作表现家庭伦理的一般道德"。[②] 黄开国说：荀子"对孝的评价并不高"。[③] 王长坤亦说："在荀子思想体系中，'孝'并不占重要地位"。[④] 综观《荀子》一书，其中有关父子关系和孝道的论述不多，远远不及有关君臣关系的论述。在荀子的人际关系思想中，父子关系被安置在次要的位置上，君臣关系成为荀子优先考虑的对象。在处理父子关系时荀子更多考虑的是外在强制力量的作用而非血缘亲情。

一、处理父子关系的原则：重外在强制

从孔子到孟子，先秦儒家均从血缘亲情的角度看待父子关系，认为子女对父母尽孝是顺其自然的事情。在孟子提出性善论后，各种德行都可以归结为顺人性而为的结果。自然，儿女尽孝是顺应了人性的自然发展。在处理父子关系时，孔孟等人均不主张依靠强制手段。不过先秦儒学发展到荀子这里

① 康学伟：《先秦孝道研究》，吉林人民出版社 2000 年版，第 181 页。
② 肖群忠：《孝与中国文化》，人民出版社 2001 年版，第 53 页。
③ 黄开国：《先秦儒家孝论的发展与〈孝经〉的形成》，载《东岳论丛》2005 年第 3 期。
④ 王长坤：《先秦儒家孝道研究》，巴蜀书社 2007 年版，第 249 页。

却出现了转折。荀子直言儿子要对父亲尽孝就必须违逆自身的情性。他说:
"今人之性,饥而欲饱,寒而欲暖,劳而欲休,此人之情性也。今人饥,见
长而不敢先食者,将有所让也;劳而不敢求息者,将有所代也。夫子之让乎
父,弟之让乎兄,子之代乎父,弟之代乎兄,此二行者,皆反于性而悖于情也。
然而孝子之道,礼义之文理也。故顺情性则不辞让矣,辞让则悖于情性矣。"
(《荀子·性恶》)荀子认为"饥而欲饱,寒而欲暖,劳而欲休"是人天然
的情性。因此顺着人的本性行动,儿子在饥饿时就会先行进食,而不会把食
物让给父亲;儿子在劳累时就会先行休息,而不会顾及父亲的劳苦。在荀子
看来,儿子之所以有礼让父亲的举动是因为儿子经过了外在强制规范——礼
义的教化,克服了"饥而欲饱"、"劳而欲休"的自然本性。

　　荀子性恶论的提出改变了先秦儒家人际关系思想发展的轨迹。[1]从性恶论
出发,荀子认为要处理好父子关系必须依靠外在强制力量的规范,子女对父
母尽孝不是顺人性而为而是逆人性而为。荀子很少提及血缘亲情在父子关系
中的作用。

　　荀子说:"人之性恶,其善者伪也。今人之性,生而有好利焉,顺是,
故争夺生而辞让亡焉;生而有疾恶焉,顺是,故残贼生而忠信亡焉;生而有
耳目之欲,有好声色焉,顺是,故淫乱生而礼义文理亡焉。然则从人之性,
顺人之情,必出于争夺,合于犯分乱理而归于暴。"(《荀子·性恶》)在
荀子看来,人天生爱好追求利益,顺着这个方向发展只会产生争夺而不会有
辞让的举动;人天生有嫉恨厌恶别人的心理因素,顺着这个方向发展只会产
生祸害他人、丧失忠信的后果;人天生有耳目之欲、爱好声色,顺着这个方
向发展只会产生淫乱,礼义制度也将消亡。一言以蔽之,顺人性而为不但不
会出现好的结果而且会出现各种恶行。这就是荀子的性恶论。由此可以推出,
人性自然发展只会带来混乱的人际关系。

　　正是因为荀子认为人性恶,人们天生好利,因此"诚欲控制人类的行为,
不依据行政上的强制手段和建立于利益心基础上的近乎法律的'礼',是断
不可行的。"[2]学界普遍认为荀子学说是围绕着礼展开的。礼既源于人性恶

---

① 　这里需要说明的是学界已指出了荀子对孝道的重视不及前儒与荀子对人性的判断有密切关联。具体成果可见:康学伟:
《先秦孝道研究》,吉林人民出版社2000年版,第179-181页;肖群忠:《孝与中国文化》,人民出版社2001年版,
第53页;王长坤:《先秦儒家孝道研究》,巴蜀书社2007年版,第242-249页。
② 　韩东育:《日本近世新法家研究》,中华书局2003年版,第298页。

又是为了纠正人性恶。荀子认为只有借助于外在强制力量，也即礼的制约才能使人摆脱天生恶性的影响，成为有德之人。荀子说："枸木必将待檃栝、烝、矫然后直，钝金必将待砻、厉然后利。今人之性恶，必将待师法然后正，得礼义然后治。今人无师法则偏险而不正，无礼义则悖乱而不治。古者圣王以人之性恶，以为偏险而不正，悖乱而不治，是以为之起礼义，制法度，以矫饰人之情性而正之，以扰化人之情性而导之也。始皆出于治，合于道者也。今之人，化师法，积文学，道礼义者为君子；纵性情，安恣睢，而违礼义者为小人。"（《荀子·性恶》）在荀子看来，正如弯木必须经过矫正才能变直、钝刃必须经过磨砺才能变利，人必须经过后天的教育和礼制的矫正才能成为符合社会道德要求的人。在荀子看来，君子与小人天生都是性恶，他们的区别主要在于后天是否经过了良好的教育和礼义的教化。

荀子提出礼犹如衡量曲直轻重的工具，判断人们行为的是非曲直只要参照礼的规定就可以得出结论。他说："绳墨诚陈矣，则不可欺以曲直；衡诚县矣，则不可欺以轻重；规矩诚设矣，则不可欺以方圆；君子审于礼，则不可欺以诈伪。故绳者，直之至；衡者，平之至；规矩者，方圆之至；礼者，人道之极也。然而不法礼，不足礼，谓之无方之民；法礼足礼，谓之有方之士。"（《荀子·礼论》）荀子之所以强调礼的工具性，就是为了给人们判断是非提供一个极具可操作性的标准，让一切行为都接受礼的裁处，符合礼就是有德，违反礼就是无德。

荀子在建立性恶论的同时对孟子的性善论进行了批判：

孟子曰："人之性善。"曰：是不然。凡古今天下之所谓善者，正理平治也；所谓恶者，偏险悖乱也。是善恶之分也已。今诚以人之性固正理平治邪？则有恶用圣王，恶用礼义矣哉！虽有圣王礼义，将曷加于正理平治也哉！今不然，人之性恶。故古者圣人以人之性恶，以为偏险而不正，悖乱而不治，故为之立君上之埶以临之，明礼义以化之，起法正以治之，重刑罚以禁之，使天下皆出于治，合于善也。是圣王之治，而礼义之化也。今当试去君上之埶，无礼义之化，去法正之治，无刑罚之禁，倚而观天下民人之相与也，若是，则夫强者害弱而夺之，众者暴寡而哗之，天下之悖乱而相亡不待顷矣。用此观之，然则人之性恶明矣，其善者伪也。（《荀子·性恶》）

　　荀子认为善是指人们的行为符合伦理规范，合乎国家治理的要求；恶是指人们的行为偏离伦理规范，违反了国家治理的要求。在荀子的思想中礼义主要是指伦理规范，圣王是治理国家的能手。在他看来，如果孟子的性善论成立的话，礼义、圣王就失去了存在的必要。荀子显然把孟子的性善论理解为人天生具有完善的品德，没有作恶的可能。这样的完美之人当然不需要后天礼义的教化和圣王的管理。如果孟子的性善论果真是荀子理解的那样，荀子的批判自然是成立的。因为众所周知的现实是人天生不具备完美的品德，人们在成长的过程中也少不了出现违反道德的情况，严重时还会违法犯罪。因此社会总少不了道德教化、政府的治理以及刑罚的设置。如果离开它们，社会的确会出现荀子所说的以强凌弱、天下混乱的局面。而荀子性恶论的登场则很好地解释了伦理规范、国家治理的存在必要。因为荀子的人性论明确承认人天生有为恶的趋向，圣王、礼义乃至刑罚的设置正是为了矫正人性之恶。到此为止自然可以顺理成章地推出荀子期望中的结论：孟子的性善论只能"坐而言之"，但在现实中不具有可行性，"性善则去圣王，息礼义矣；性恶则与圣王，贵礼义矣。"（《荀子•性恶》）

　　其实，荀子对孟子的性善论有误解。孟子的性善论不是荀子理解的那样简单。这就需要我们对孟子性善论做一个简要的探讨。孟子的思想体系是建立在性善论的基础上。这种人性论肯定是孟子经过周密思考建立起来的。孟子性善论实质是讲心善，人们天生都有不忍人之心。他对此的解释是："所以谓人皆有不忍人之心者，今人乍见孺子将入于井，皆有怵惕恻隐之心——非所以内交于孺子之父母也，非所以要誉于乡党朋友也，非恶其声而然也。由是观之，无恻隐之心，非人也；无羞恶之心，非人也；无辞让之心，非人也；无是非之心，非人也。恻隐之心，仁之端也；羞恶之心，义之端也；辞让之心，礼之端也；是非之心，智之端也。人之有是四端也，犹其有四体也。"（《孟子•公孙丑上》）这段论述中的关键在于那个端字。端只是代表一种可能，或者说一种萌芽。孟子讲人人皆有四端包含两个方面的含义，一方面是指人们天生有为善的内在可能，另一方面暗示这种可能还要有待后天的人为，才能转化为善的实现。也即孟子所说的："凡有四端于我者，知皆扩而充之矣，若火之始然，泉之始达。苟能充之，足以保四海；苟不充之，不足以事父母。"（《孟

子·公孙丑上》）在孟子看来善端能否在后天得到扩充是关键。孟子还以五
谷为例说明过这个道理。他说："五谷者，种之美者也；苟为不熟，不如荑稗。
夫仁，亦在乎熟之而已矣。"（《孟子·告子上》）因此，荀子把孟子性善
论理解为人天生就具有完善的品德是错误的，他把善之可能当成了善之实现。
出现这种情况可能是因为他没有全面了解《孟子》一书中关于性善论的论述。
徐复观就推断荀子"不曾看到后来流行的《孟子》一书，而只是在稷下时，
从以阴阳家为主的稷下先生们的口中，听到有关孟子的传说"。[1] 考虑到当
时的文化传播条件等因素，不能排除这种可能。可以设想，荀子只是听说过
一些关于性善论的只言片语，就展开了对孟子性善论的批判。

   对于孟子与荀子的分歧，李泽厚的评论是："同样是所谓'修身'，与
孟子大讲'仁义'偏重内在心理的发掘不同，荀子重新强调了外在规范的约束。
'礼'本来就是一种外在的规定、约束和要求，孔子以'仁'释'礼'，企
图为这种古老的外在规范寻求某种心理依据；孟子发展这一线索而成为内在
论的人性哲学，而颇不重视礼乐本有的外在的社会强制性的规范功能。荀子
批评孟子'略法先王而不知其统'，也即指此而言；即是说，孟子不知道古
代的'礼'对社会人群从而也对个体修养所必需具有的客观的纲纪统领作用。
在这里，孔孟荀的共同处是，充分注意了作为群体的人类社会的秩序规范（外）
与作为个体人性的主观心理结构（内）相互适应这个重大问题，也即是所谓
人性论问题。他们的差异处是，孔子只提出仁学的文化心理结构，孟子发展
了这个结构中的心理和个体人格价值的方面，它由内而外。荀子则强调发挥
了治国平天下的群体秩序规范的方面，亦即强调阐解'礼'作为准绳尺度的
方面，它由外而内。"[2] 在如何对待道德修养这一问题上，荀子走了一条与
孟子不同的路线：他看重的是依靠外在制度的强制来规范人们的行为。

   从性恶论出发，自然可以推出这样的结论：孝作为一种美德不是顺人性
而为的结果，而是逆人性而为的结果。荀子认为孝作为一种美德必须依靠后
天的礼义教化，离开外在的强制就不会有孝行的产生。而孔孟等人在论及父
子关系时总是把强制因素排除在外，强调尽孝是一种自觉自愿的行为。荀子
说："天非私曾、骞、孝己而外众人也，然而曾、骞、孝己独厚于孝之实而

---

① 徐复观：《中国人性论史》，华东师范大学出版社 2005 年版，第 145 页。
② 李泽厚：《中国思想史论》，上册，安徽文艺出版社 1999 年版，第 113 页。

全于孝之名者，何也？以綦于礼义故也。天非私齐、鲁之民而外秦人也，然而于父子之义、夫妇之别，不如齐、鲁之孝具敬父者，何也？以秦人之从情性，安恣睢，慢于礼义故也，岂其性异矣哉？"（《荀子·性恶》）在荀子看来，上天并没有偏爱曾子、闵子骞、孝己，他们之所以成为有名的孝子是因为他们经过了礼制的矫正；上天并没有偏爱齐鲁人民，他们的民风之所以优于秦国人民，是因为秦国人民放纵情性、怠慢礼义。孝作为一种美德是礼义教化的结果，离开礼义的教化孝将不复存在。

　　荀子是立足于人性恶看人际关系，这决定了他格外重视礼义对人际关系的规范作用。荀子很少考虑亲情在父子关系中的作用。而孔孟则主要从亲情的角度看待父子关系。他对人性的价值判断，在先秦儒家中是独树一帜。性恶论的出台决定了礼在荀子理论体系中的核心地位。父子关系被置于礼的统辖之下，孝作为一种美德是礼的附属品。由于荀子礼的首要意味是政治之礼，因此父子关系就被严格置于政治管辖之下。

　　从孔子到孟子，先秦儒家本着血缘亲情至上的理念，主张在父母出错时，子女要么婉言相劝，要么干脆不提意见，绝对不能在父母面前据理力争。他们是本着情重于理的原则处理父子关系。秉持性恶论理念的荀子对此的态度却有了明显的改变。在情与理发生冲突时，荀子认为理重于情。①

　　《子道》篇是《荀子》32篇中唯一一篇以论述父子关系为中心的文章。在这篇文章中，荀子强调的是子女应该怎样对待父母之命和过失。荀子提出了"从义不从父"的观点。荀子说："孝子所以不从命有三：从命则亲危，不从命则亲安，孝子不从命乃衷；从命则亲辱，不从命则亲荣，孝子不从命乃义；从命则禽兽，不从命则修饰，孝子不从命乃敬。故可以从而不从，是不子也；未可以从而从，是不衷也。明于从不从之义，而能致恭敬、忠信、端悫以慎行之，则可谓大孝矣。传曰：'从道不从君，从义不从父。'"（《荀子·子道》）荀子认为对亲命不能盲从。他认为孝子在三种情况下可以拒绝服从亲命：第一，听从了亲命会给亲人带来危险，不听从亲命反而会给亲人带来安全；第二，听从了亲命会给亲人带来侮辱，不听从亲命反而会给亲人带来荣耀；第三，听从了亲命会使自己的行为变得像禽兽一般，不听从亲命反而

---

① 王长坤已指出荀子在谏父问题上的态度不同于前儒。详见：王长坤：《先秦儒家孝道研究》，巴蜀书社2007年版，第249~252页。

会使自己的行为符合礼义的要求。荀子认为子女对亲命必须以道义为准绳加以衡量，符合道义就听从，不符合道义就拒绝。只有这样才能算得上真正的孝子。因此，在荀子思想中，代表是非标准的道义要高于血缘亲情。荀子是本着理重于情的原则处理父子关系。实际上，荀子是比照君臣关系的模式来处理父子关系。他说："从命而利君谓之顺，从命而不利君谓之谄；逆命而利君谓之忠，逆命而不利君谓之篡；不恤君之荣辱，不恤国之臧否，偷合苟容，以持禄养交而已耳，谓之国贼。"（《荀子·臣道》）荀子认为臣是否服从君命主要看行为的结果对君主是否有利。对亲命和君命，荀子均不主张盲从，而要以大义为准。

在论述完"从义不从父"的命题后，《子道》篇接着记述了下面一段故事：

鲁哀公问于孔子曰："子从父命，孝乎？臣从君命，贞乎？"三问，孔子不对。孔子趋出，以语子贡曰："乡者君问丘也，曰：'子从父命，孝乎？臣从君命，贞乎？'三问而丘不对，赐以为何如？"子贡曰："子从父命，孝矣；臣从君命，贞矣。夫子有奚对焉？"孔子曰："小人哉！赐不识也。昔万乘之国有争臣四人，则封疆不削；千乘之国有争臣三人，则社稷不危；百乘之家有争臣二人，则宗庙不毁。父有争子，不行无礼；士有争友，不为不义。故子从父，奚子孝？臣从君，奚臣贞？审其所以从之之谓孝，之谓贞也。"（《荀子·子道》）

在先秦诸子的著作中孔子是一个经常被借用的人物。根据《墨子》一书中的有关记载，孔子的言行十分可鄙，失去了儒家应有的君子风范。例如，在《墨子·非儒下》中有如下记载："孔丘穷于蔡陈之间，藜羹不糁，十日，子路为享豚，孔丘不问肉之所由来而食。褫人衣以酤酒，孔丘不问酒之所由来而饮。哀公迎孔某，席不端弗坐，割不正弗食。子路进，请曰：'何其与陈蔡反也？'孔丘曰：'来，吾语女。曩与女为苟生，今与女为苟义。'夫饥约则不辞妄取以活身，赢饱则伪行以自饰，污邪诈伪，孰大于此？"这里面的孔子是如此的虚伪自私。而《论语》中对同一事件的记载则是："在陈绝粮，从者病，莫能兴。子路愠见曰：'君子亦有穷乎？'子曰：'君子固穷，小人穷斯滥矣。'"（《论语·卫灵公》）这里面的孔子在困境中还是保持了君子风范。一般来说，墨家出于攻击儒家的需要把孔子妖魔化了。在《庄子》一书中，我们可以看到道家化了的孔子。例如，在《庄子·德充符》中有如下记载："鲁有兀者王骀，从之游者与仲尼相若。常季问于仲尼曰：'王骀，兀者也，从之游者与夫子中分鲁。立不教，坐不议，虚而往，实而归。固有不言之教，无形而心成者邪？是何人也？'仲尼曰：'夫子，圣人也，丘也直后而未往耳。丘将以为师，而况不若丘者乎！奚假鲁国！丘将引天下而与从之。'"这里面的孔子信服道家的理想人物王骀，成了道家的代言人。在《韩非子》一书中，我们又可以看到孔子变成了法家理念的信徒。《韩非子·内储说上七术》载："殷之法刑弃灰于街者。子贡以为重，问之仲尼。仲尼曰：'知治之道也。夫弃灰于街必掩人，掩人，人必怒，怒则斗，斗必三族相残也。此残三族之道也，虽刑之可也。且夫重罚者，人之所恶也；而无弃灰，人之所易也。使人行之所易而无离所恶，此治之道。'"故事中的孔子丧失了仁者的形象，竟然为法家轻罪重罚的观点进行辩护，变成了十分冷酷的政治人物。这和《论语》记载的那个热心提倡仁义之道的孔子判若两人。

对于诸子书中的孔子言论必须对照《论语》才能判断其真假。本章第一节已经论述过孔子在子女劝谏父母上的态度。他主张婉言相劝，反对据理力争。而荀子在《子道》篇中所塑造的孔子却不是如此。这里的孔子主张孝子要做争子，敢于和父亲据理力争。荀子明显是要借助孔子之口表达己见。荀子在论及君臣关系时谈到了"争"的含义：

> 君有过谋过事，将危国家、殒社稷之惧也，大臣父兄有能进言于君，用则可，不用则去，谓之谏；有能进言于君，用则可，不用则死，谓之争……伊尹、箕子，可谓谏矣；比干、子胥，可谓争矣。（《荀子·臣道》）

从上面这段论述可知，争是臣进谏君的一种方式。这种方式是指臣下要冒着生命危险对君主犯颜直谏。荀子认为比干、伍子胥就是犯颜直谏的典型。比干因为进谏冒犯了商纣王而被处死，伍子胥因为再三劝谏吴王而被赐剑自刎。这正如荀子所说的"用则可，不用则死"。因此，"争"本来是政治领域处理君臣关系的一种方式。从中我们再次看到荀子是比照处理君臣关系的模式来处理父子关系。而孔孟等人是反对用处理君臣关系的方式来处理父子关系。他们认为血缘亲情重于一切，为了保证父子之间的感情不受损害可以置一时的是非于不顾。在孔孟等人看来，做儿子的是绝不能和父亲据理力争，犯颜直谏会严重伤害亲情。在处理父子关系的问题上，荀子很少考虑情感因素，他主要是从理性的角度看待父子关系。在他看来是非标准要重于父子亲情。荀子认为做儿子的为了维护道义可以不顾亲情，勇于在父亲面前犯颜直谏、据理力争。这和孔孟诸儒形成了鲜明的对照。

二、君臣关系重于父子关系

从孔子到孟子，先秦儒家都把父子关系看得重于其他一切社会关系，孝道也一直备受推崇。荀子却认为君臣关系重于父子关系，而善事父母的孝道在他看来只是人们道德修养中的一个方面。

荀子的君臣关系重于父子关系、君恩重于亲恩的观点源于下面一段论述：

君之丧所以取三年，何也？曰：君者，治辨之主也，文理之原也，情貌之尽也，相率而致隆之，不亦可乎！《诗》曰："恺悌君子，民之父母。"彼君子者，固有为民父母之说焉。父能生之，不能养之，母能食之，不能教诲之，君者，已能食之矣，又善教诲之者也，三年毕矣哉！乳母，饮食之者也，而三月；慈母，衣被之者也，而九月；君，曲备之者也，三年毕乎哉！得之则治，失之则乱，文之至也；得之则安，失之则危，情之至也。两至者俱积焉，以三年事之犹未足也，直无由进之耳。（《荀子·礼论》）

荀子之前的先秦儒家认为父子关系重于其他一切人际关系，亲恩重于其他一切恩情，因而坚持子为父服最隆重的三年之丧。[①] 荀子在解释为何要为君主服三年之丧的过程中，提出父能生育人，不能喂养人；母能喂养人，不能教诲人；而君主，既能供养人，又能教诲人。这就很容易推出君恩重于亲恩的观点。荀子还认为是否为君主服三年之丧关系国家的治乱兴衰。在荀子看来，为君主服三年之丧还尚显不足。荀子一改先秦儒家既有的做法，把政治领域的君主的地位放在家庭领域的父母之上。

从孔子到孟子的先秦儒家对孝道都是备加推崇。但荀子却大大降低了孝道在整个道德体系中的地位。荀子说："入孝出弟，人之小行也；上顺下笃，

---

① 按照《仪礼·丧服》的规定子为父、臣为君均服斩衰三年之丧，但还是有轻重区分。彭林先生说："《丧服》贾疏解题云：'斩有二，有正有义'，为父以三升为正，为臣以三升半为义，其冠同六升，'三年'。丧服之布，有粗有精。丧愈重则布愈粗，愈轻则布愈细，故于丧服用布之粗细，可知丧之轻重。古制，布之粗细以'升'为单位，郑注云'布八十缕为升'，升数越多，布越细密。为君丧服用布为三升半，多于为父的三升，可见前者轻而后者重。""总之，是父丧重于君丧。"见：彭林：《再论郭店简〈六德〉"为父绝君"及相关问题》，载《中国哲学史》2001年第2期。

人之中行也；从道不从君，从义不从父，人之大行也。若夫志以礼安，言以类使，则儒道毕矣，虽舜，不能加毫末于是矣。"（《荀子·子道》）在荀子看来，孝只是人们道德修养中的一个方面。从荀子对孝道的降格处理中，我们再次可以看到父子关系在荀子人际关系谱系中的地位。

荀子对先秦儒家核心理念的解释也不同于前儒。他对仁的解释是："尚贤使能，等贵贱，分亲疏，序长幼，此先王之道也。故尚贤、使能，则主尊下安；贵贱有等，则令行而不流；亲疏有分，则施行而不悖，长幼有序，则事业捷成而有所休。故仁者，仁此者也；义者，分此者也；节者，死生此者也；忠者，惇慎此者也。"（《荀子·君子》）孔子孟子在解释仁的含义时均把亲亲放在第一位，而到了荀子这里政治领域的尊贤使能等内容则被放在了首位。荀子对礼的解释也是如此，他说："礼也者，贵者敬焉，老者孝焉，长者弟焉，幼者慈焉，贱者惠焉。"（《荀子·大略》）在荀子看来，敬重政治上有地位的人是礼的首要内容，其次才是对长者尽孝。

因此可以看出在荀子思想中，政治领域的君臣关系要重于家庭领域的父子关系。而荀子之前的孔孟等人都是把父子关系放在君臣关系之上。

第三节 对荀子父子关系思想的再认识

学界以往的研究成果认为荀子之所以改变了先秦儒家在父子关系上的立场其原因在于荀子要去迎合君主专制制度，其中最直接的根据在于荀子主张君恩重于亲恩、君臣关系重于父子关系。康学伟说："荀子这一君恩高于亲恩的说法，与孔、孟观点不尽一致，后者只是讲推孝而及于忠，忠孝一本，并未将君主置于父亲之上。……对于荀子的君恩重于亲恩的思想，我在这里无意于给予以道德评价，但要揭示出这样一个事实：这种观念的影响一直延续到了当代社会，如前些年搞个人崇拜时有首歌说：'爹亲娘亲不如毛主席亲'"。[①] 康学伟对荀子君恩重于亲恩的观点在实际上还是进行了批判。让来自政治领域的君恩高于亲恩不合人之常情，无限令大了君主的作用。这让

---

① 康学伟：《先秦孝道研究》，吉林人民出版社 2000 年版，第 183 页。

政治过多地干预了私人生活。更重要的是康学伟认为："如果说专制主义是封建孝道的重要特征，那么，以孝道助成专制政治的最早的理论雏形即来自于荀子。"①把荀子的孝道思想与君主专制主义联系在一起，本身就是对荀子思想的一种批评。因为近代以来，伴随着西学东来，民主自由理念成为评判中国传统思想的标准，君主专制主义往往被视为反动、落后的象征，清算中国历史上的君主专制主义成为学界的一项重要任务。如果某位思想家的理论包含了专制主义的思想成分，就很容易成为口诛笔伐的对象。王长坤亦说：荀子君恩重于父恩的思想是"对孔孟思想的变革，也预示着儒学发展的方向，那就是迎合封建大一统专制统治的需要，伦理政治化，'孝'逐渐蜕变为'忠'的附庸了。"②

康学伟和王长坤的观点很有道理。但是我们可以从另外一些角度对荀子的思想做进一步的解读。荀子作为士人的代表，他是站在士人阶层的立场上看待孝道问题。战国时期君主专制制度逐步走向成熟，社会上形成了士农工商四大阶层。士人也和平常人一样是由父母抚养长大。但士人与农、工、商等阶层的不同之处在于士人的职业基本上是从政。余英时说："古代知识分子从'封建'身分中解放出来之后，虽然在精神上能骋驰于自由的王国，在现实生活上却反而失去了基本的保障，不像以前的'士'大体上都是'有职之人'，极少有失位之事。战国时代的知识分子号称'游士'固与周游列国有关，但也未尝不是因为他们没有固定的经济基础之故。……知识分子成为'四民之首'。其余三民都各有本业，唯独'士'的凭借是他的知识和技能，不能不靠'口舌'来谋生。这在当时知识分子大量涌现而竞争激烈的时代是十分不容易的事。"③缺乏经济独立性的士人阶层往往必须依靠自己的口舌来说服专制君主以谋取官职。专制君主又掌握着不受约束的无限权力，可以根据自己制定的标准任免官员。因此，君臣之间形成了一种雇用与被雇用的关系。在君主专制制度下，君臣之间没有对等性可言。士人的政治前途和生死荣辱掌握在专制君主手中，他们对专制君主具有严重的依赖性。余英时的观点并非个例。徐复观和刘泽华都指出了先秦士人对专制君主有高度的依赖

---

① 康学伟：《先秦孝道研究》，吉林人民出版社 2000 年版，第 183 页。
② 王长坤：《先秦儒家孝道研究》，巴蜀书社 2007 年版，第 256-257 页。
③ 余英时：《士与中国文化》，上海人民出版社 2003 年版，第 96-97 页。

性。徐复观认为战国时期的士人"以仕为常业。士在社会上得以自由产生，而可仕的职位则有限；且选用之权，乃属于统治阶层，而士只能被动地处于待选的地位"。① 刘泽华认为在君主专制制度下"官僚化的士对君主的关系不仅是领导与被领导关系，还有主仆、臣属关系，而且前者是从属后者的。在这样的关系中，知识官僚的升降黜陟，荣辱存亡最终取决于君主的喜恶。"② 这三位学者的观点是一致的。士人阶层对君主的严重依赖导致他们在表达自己的见解时不能不顾及君主的感受和想法。

因此，我们可以从士人阶层对专制君主具有高度依赖性这一事实出发考察荀子君恩重于亲恩的观点。《韩诗外传》卷七有如下记载："齐宣王谓田过曰：'吾闻儒者丧亲三年，丧君三年，君与父孰重？'田过对曰：'殆不如父重。'宣王忿然，曰：'曷为士去亲而事君？'田过对曰：'非君之土地无以处吾亲，非君之禄无以养吾亲，非君之爵无以尊显吾亲。受之于君，致之于亲。凡事君，以为亲也。'宣王悒然无以应之。"从齐宣王和田过这段关于君父孰重孰轻的对话中可以清楚地看出亲恩重于君恩的观点容易招致君主的反感。站在君主的立场上，齐宣王当然希望他的臣下把君主的地位放在父亲之上。作为君主是不愿意自己的臣下把事君当作一种实现其他目的的手段。专制君主希望的是无条件的忠君，喜欢臣下把事君当作目的。从这段对话还可以看出士人对君主的严重依赖。田过固然坚持了孔孟亲恩重于君恩的立场，但不得不承认离开君主就无法对父母尽孝道。可以想见，在士人尚未进入仕途前，父母是其最重要的依靠；一旦士人进入仕途，他们所依赖的是君主，拿的是君主给的俸禄。对于踏入仕途的士人而言，君主的重要性自然日趋提高。由于士人对君主具有高度的依赖性，因此他们在与君主相处的过程中就不得不充分考虑君主的感受。为了更好地与君主相处，他们往往要从君主的感受出发做出一些变通。士人的这种处境导致他们有时不得不提出一些不合人之常情的观点。农、工、商等阶层就不会像士人阶层那样与君主有着如此密不可分的关系。他们通常与政治保持着相当远的距离，君主对他们而言往往是遥不可及。他们是不会提出也很难认同君恩重于亲恩的观点。如果我们没有注意到荀子的士人立场，就很难理解荀子所提出的有违人之常

① 徐复观：《两汉思想史》，第3卷，华东师范大学出版社2001年版，第21页。
② 刘泽华：《先秦士人与社会》，天津人民出版社2004年版，第89-90页。

情的观点。荀子出于士人政治前途的考虑提出了君恩重于亲恩、君臣关系重
于父子关系的观点。我们可以把荀子的观点看作是一种政治修辞策略,君恩
重于亲恩并不是一个普遍性的原则。我们不能否认这种观点存在迎合君主的
意味,但更多是由士人对君主的高度依赖性所决定的。

　　荀子君恩重于亲恩思想的背后隐含着政治责任优于私人恩情的价值取向。
在君主制度下,君主是国家的人格化。荀子认为:士人步入仕途,就必须把
私情放在次位,将尽自己的政治职责放在首位,不能因私废公。荀子反对“群
臣去忠而事私”。(《荀子·解蔽》)因为从政者如果不把对国君的忠心放
在首位而去图私情,就会导致政务的废弛。荀子是从政治的角度看待君恩与
亲恩的关系问题。

　　在处理父子关系时,如果出现了情与理的冲突,孔孟等人总是本着血缘
亲情至上的理念保全情牺牲理。而坚持性恶论的荀子则认为理重于情,在处
理父子关系时不能为了保全亲情而不顾是非标准。从荀子的这种思想出发可
知他推崇公平至上。春秋战国时期世卿世禄制走向瓦解,官僚制度逐步走向
成熟。官僚制度的一个显著特征就是它的开放性,它面向社会各个阶层选拔
官员。士人阶层在春秋战国时期崛起,他们的职业定位就是入仕做官。站在
士人的立场上,士人最希望在仕途的竞争中国君能本着任人唯贤的公平原则
选拔官员。荀子从士人的利益出发提倡任人唯贤,反对其他因素介入其中。
他说:“论德而定次,量能而授官,皆使其人载其事而各得其所宜。上贤使
之为三公,次贤使之为诸侯,下贤使之为士大夫”。(《荀子·君道》)又说:“虽
王公士大夫之子孙也,不能属于礼义,则归之庶人。虽庶人之子孙也,积文学,
正身行,能属于礼义,则归之卿相士大夫。”(《荀子·王制》)荀子要求
破除世卿世禄制,不看门第出身,按照礼义,根据人们品德的高下、才能的
大小,选拔人才。他说:“人主欲得善射,射远中微者,县贵爵重赏以招致之,
内不可以阿子弟,外不可以隐远人,能中是者取之,是岂不必得之之道也哉!
虽圣人不能易也。欲得善驭速致远者,一日而千里,县贵爵重赏以招致之,
内不可以阿子弟,外不可以隐远人,能致是者取之,是岂不必得之之道也哉!
虽圣人不能易也。欲治国驭民,调壹上下,将内以固城,外以拒难,治则制人,
人不能制也,乱则危辱灭亡可立而待也。然而求卿相辅佐,则独不若是其公也,

案唯便嬖亲比己者之用也，岂不过甚矣哉！"（《荀子·君道》）在荀子看来当国君选拔弓箭手、驾驭者时都能按照任人唯贤的原则行事，而在选拔官员时却让任人唯亲取代了任人唯贤。对此荀子感到痛心疾首。他认为国君应该像周文王任用姜太公那样公平地选用人才，排除血缘亲情等因素的干扰。荀子说："夫文王非无贵戚也，非无子弟也，非无便嬖也，偶然乃举太公于州人而用之，岂私之也哉！以为亲邪？则周姬姓也。而彼姜姓也，以为故邪？则未尝相识也。以为好丽邪？则夫人行年七十有二，齫然而齿堕矣。然而用之者，夫文王欲立贵道，欲白贵名，以惠天下，而不可以独也。非于是子莫足以举之，故举是子而用之。于是乎贵道果立，贵名果明，兼制天下"。（《荀子·君道》）总之，荀子反复强调君主在选官任人的问题上应该任人唯贤而不是任人唯亲。从中我们可以看出，荀子将公平原则放在血缘亲情之上。

由于孔孟坚持血缘亲情至上，这就不可避免地要在一定程度上腐蚀政治公平。孔子坚持周礼，不从根本上触动建立在血缘关系之上的世卿世禄制；孟子认为出于血缘亲情的考虑，舜可以分封他的不仁的弟弟。其实，孔孟并不是没有推崇贤能的思想成分。学而优则仕的理念源自孔子，孟子也提倡"贤者在位，能者在职"。（《孟子·公孙丑上》）他们并不主张任人唯亲。但是由于在孔子孟子的思想深处他们是把血缘亲情放在至高无上的地位上，所以推崇贤能的原则一旦与血缘亲情发生冲突，前者就要退居次位。因而推崇贤能的公平理念在孔孟的思想中只能处于次要地位。与孔孟不同，荀子主张政治公平重于私人恩情。荀子主张君主在选拔人才时应该做到："不恤亲疏，不恤贵贱，唯诚能之求"。（《荀子·王霸》）荀子说："公平者，听之衡也"。（《荀子·王制》）又说："怒不过夺，喜不过予，是法胜私也。《书》曰：'无有作好，遵王之道；无有作恶，遵王之道。'此言君子之能以公义胜私欲也。"（《荀子·修身》）有学者指出：在先秦时期"对于公平观念谈论最详者，荀况是第一人。"[①]正是因为荀子能从变化了的社会实际出发，所以他能走出狭隘的血缘伦理关系的束缚，把政治公平放在血缘亲情与私人伦理之上。

在谈及儒家的人际关系思想时学界不少人认为儒家是以血缘和家族为本位。星华认为儒家"把人际关系归结为血缘关系，换言之，以血缘关系来取

---

① 李大华：《论先秦中国社会的公平观念》，载《哲学研究》2004年第10期。

舍人际关系和社会交往的远近亲疏，以家族为本位参与社会生活和人际交往"。① 鄙爱红亦说："儒家把纷繁复杂的社会关系都还原为血缘家庭关系，以调整血缘亲情关系的准则为基础来建立其整个人际关系理论。"② 通过荀子与孔孟人际关系思想的有关比较可知他们的结论忽视了先秦儒家内部的差异。星华、鄙爱红等人的研究结论如果是针对孔孟而言则不无道理，但他们的研究结论不适合用来评价荀子的人际关系思想。

在荀子的人际关系理论中，父子关系的地位不及君臣关系，血缘因素不及政治公平重要。荀子之前的先秦儒家都是以血缘为本位来看待人际关系，而荀子则是以政治为本位来看待人际关系。荀学是先秦儒学发展的转折点。从这个转折中，我们可以看到春秋战国以来政治形势的变迁。伴随着家国合一的分封体制让位给君主专制下的官僚体制，以从政为职业的士人对君主的依赖日益增加。对于踏上仕途的士人来说，君主对其命运的影响越来越超过血缘、家庭因素。士人的处境决定了他们不得不越来越多地考虑政治上的因素。我们不能简单地以是非对错来评价孔孟和荀子在父子关系认识上的分歧。任何一个学派内部都会出现一些分歧和争论。这更多地反映了他们理论视角的不同。孔孟和荀子都主张子女要对父母尽孝。这是他们的共同点。孔孟主要是从血缘亲情出发看待父子关系，而荀子则主要是从国家治理的角度看父子关系。于是孔孟的言论中往往散发着浓浓的人情味，而荀子的论述则更多地洋溢着冷峻的理性色彩。

① 星华：《论儒家人际关系学说的特点及其消极影响》，载《河北学刊》1991 年第 2 期。
② 鄙爱红：《论儒家人际关系学说的实质》，载《晋阳学刊》1996 年第 5 期。

第三章
从先秦儒家思想的转变看荀子的君臣关系思想

　　君臣关系之所以成为先秦儒家关注的重点，原因在于他们一直抱着积极入世和得君行道的理念。从春秋末期的孔子到战国中后期的孟子，先秦儒家在考虑君臣关系时往往抱着一种理想主义的态度。孔孟等人认为士人在考虑入仕问题时不应顾及个人的得失，只应考虑能否推行儒家之道。因而他们主张士人应该选择贤君作为合作的对象，反对在无道之君的治下从政。① 他们强调君臣对等的原则，坚持士人在君主面前应保持高度的人格独立，提倡勇于犯颜直谏。到了战国末期的荀子，儒家的君臣观发生了明显的变化。在荀子看来，士人和普通人一样行动的目的是为了追求功利。荀子实际上取消了择君而事的原则，他认为士人可以在任何类型的君主治下任职。荀子还将有关权术的内容引进了君臣关系的论述中，其中不乏尊君卑臣的色彩。从清末的谭嗣同开始学界就不乏批判荀子君臣观的声音，认为荀子为了迎合君主专制主义而背离了先秦儒家的立场，② 还引进了与儒家理想主义不符的权术。③本书在承认上述观点有其合理性的同时，主张从另外一些角度来看待荀子对先秦儒家君臣观的改变。荀子既要改变儒家学说不被统治者重视的现状，又要充分顾及士人的生存现状。他不得不从理想主义走向现实主义。在这个转变中他还力图守住基本的道德底线。

---

① 关于孔子、孟子入仕思想的研究成果可参考：张华龙：《孔子出仕思想初探》，载《浙江师大学报》（社会科学版）1996年第5期；罗新慧：《试论先秦儒家入仕观念的演变与发展》，载《江海学刊》1998年第3期；韩春平：《孔子的入仕与退隐》，载《西北成人教育学报》2003年第2期；邢海晶：《试析孟子士入仕的政治伦理思想》，载《天府新论》2004年第3期；王群丽：《论孔子的出仕观》，载《孔子研究》2006年第2期。目前有关荀子入仕观的研究成果比较少。罗新慧在《试论先秦儒家入仕观念的演变与发展》一文中提出荀子的入仕思想与之前先秦儒家的入仕思想已经有相当距离，认为荀子主张由专制君主来掌管士人的仕途，但限于篇幅并未展开论述荀子与孔孟入仕思想的差异以及产生这些差异的原因。本书将就这一问题做进一步的探讨。
② 详见：谭嗣同：《仁学》，华夏出版社2002年版，第95-96页；方尔加：《荀子新论》，中国和平出版社1993年版，第43-54页。在对荀子君臣观的批判中，以谭、方的观点最具代表性。
③ 详见：孔繁：《荀子评传》，南京大学出版社1997年版，第103-108页。孔繁认为荀子这种做法违背了儒家出仕行道精神，这些内容是荀子思想中不好的成分。

第一节 孔孟诸儒的君臣关系思想

一、理想主义的入仕观：择君而事

作为先秦儒家的创始人，孔子并不掩饰自己对从政的渴求。《论语·子罕》篇载："子贡曰：'有美玉于斯，韫椟而藏诸？求善贾而沽诸？'子曰：'沽之哉！沽之哉！我待贾者也。'"面对自己学生含蓄的提问，孔子的回答却是那么直接，给人一种急不可耐的感觉。孔子曾十分自信地说："苟有用我者，期月而已可也，三年有成。"（《论语·子路》）孔子兴办私学的一个重要目的就是培养改造社会的人才。"学而优则仕"（《论语·子张》）这句话固然不是从孔子本人口中说出的，但却代表了孔子的一贯思想。《论语·先进》篇载："子路使子羔为费宰。子曰：'贼夫人之子。'子路曰：'有民人焉，有社稷焉，何必读书，然后为学？'子曰：'是故恶夫佞者。'"朱熹的注释是："治民事神，固学者事，然必学之已成，然后可仕以行其学。若初未尝学而使之即仕以为学，其不至于慢神而虐民者几希矣。"① 朱熹的理解深得孔子之意。孔子认为让学业未成的人入仕是在祸害其人。在孔子看来一个人只有经过一定的教育，才能具备做官的资格。孔子的教育主要在于提高学生的道德修养。因为孔子深信只有有德之人才能在政治上发挥积极的作用，取得民众的信服。当鲁哀公问孔子"何为则民服？"他的回答是："举直错诸枉，则民服；举枉错诸直，则民不服。"（《论语·为政》）

孔子认为士人选择建立君臣关系是为了行道，不应考虑个人的利害得失。他说："士志于道，而耻恶衣恶食者，未足与议也。"（《论语·里仁》）又说："君子忧道不忧贫。"（《论语·卫灵公》）这显然是一种理想主义的道德说教。

孔子虽然热心于入仕从政，但他却坚持士人入仕的前提应是国家有道，换言之士人只为有道之君服务，否则士人就应过退隐生活：

子曰："笃信好学，守死善道。危邦不入，乱邦不居。天下有道则见，无道则隐。邦有道，贫且贱焉，耻也；邦无道，富且贵焉，耻也。"（《论语·泰

---

① 朱熹集注：《四书》，上海古籍出版社1995年版，第154页。

伯》）

宪问耻。子曰：“邦有道，谷；邦无道，谷，耻也。”（《论语·宪问》）

孔子认为士人在天下有道的情况下不出来做官，而自甘贫贱是可耻的；但在天下无道的情况下出来做官谋取富贵，同样也是可耻的。孔子显然认为士人在政治无道的情况下入仕就是与昏君贪官同流合污，只有选择退隐才能做到洁身自好。

孔子有自己的一套衡量天下有道无道的标准。《论语·季氏》篇载：“孔子曰：‘天下有道，则礼乐征伐自天子出；天下无道，则礼乐征伐自诸侯出。自诸侯出，盖十世希不失矣；自大夫出，五世希不失矣；陪臣执国命，三世希不失矣。天下有道，则政不在大夫。天下有道，则庶人不议。’”联系到孔子所处的时代——春秋时期，正好具备了孔子所说的政治上无道的各种特征。春秋时期周天子失去了控制天下的能力，春秋五霸相继控制了时局，这可以算得上“礼乐征伐自诸侯出”。大夫控制国家大权的情况在孔子所处的鲁国尤为明显，鲁国国君大权旁落，政权长期以来被三桓家族把持着。至于“陪臣执国命”的情况同样在鲁国出现过，鲁国势力最大的大夫季氏一度被其家臣阳虎挟制。按照孔子的标准，春秋时期自然就是无道的社会。在《论语·子路》篇有这么一段记载：“曰：‘今之从政者何如？’子曰：‘噫！斗筲之人，何足算也？’”在孔子看来当时的从政者无一合乎他的要求，全都是气量狭小之辈。这里面自然包括了各国国君。如果真的严格按照孔子“天下有道则见，无道则隐”的入仕理念，儒家在那个礼崩乐坏的时代似乎都应该退隐起来，与当时的政治无缘了。

但在《论语·微子》却有这样一篇记载：

长沮、桀溺耦而耕，孔子过之，使子路问津焉。长沮曰：“夫执舆者为谁？”子路曰：“为孔丘。”曰：“是鲁孔丘与？”曰：“是也。”曰：“是知津矣。”问于桀溺。桀溺曰：“子为谁？”曰：“为仲由。”曰：“是鲁孔丘之徒与？”对曰：“然。”曰：“滔滔者天下皆是也，而谁以易之？且而与其从辟人之士也，岂若从辟世之士哉？”耰而不辍。子路行以告。夫子怃然曰：“鸟兽不可与同群，吾非斯人之徒与而谁与？天下有道，丘不与易也。”

孔子此处的意思是正是因为天下无道所以才需要儒家积极入仕加以改变；

如果天下有道就不需要儒家去改变现状了。再联系到他"天下有道则见，无道则隐"的入仕理念，很明显可以看出孔子思想本身存在自相矛盾的地方。孔子思想上的矛盾也反映在他的行动上：

公山弗扰以费畔，召，子欲往。子路不说，曰："末之也，已，何必公山氏之之也？"子曰："夫召我者，而岂徒哉？如有用我者，吾其为东周乎！"（《论语·阳货》）

佛肸召，子欲往。子路曰："昔者由也闻诸夫子曰：'亲于其身为不善者，君子不入也。'佛肸以中牟畔，子之往也，如之何？"子曰："然，有是言也。不曰坚乎，磨而不磷；不曰白乎，涅而不缁。吾岂匏瓜也哉？焉能系而不食？"（《论语·阳货》）

孔子教育学生"有道则见，无道则隐"，并且一再谴责乱臣贼子的僭越行为。[①] 可是他却曾经打算到公山弗扰、佛肸这样的叛臣手下任职。这不能不引起自己学生的质疑。李泽厚说："孔子教人以'经'，自己却行'权'不已。难怪子路不高兴。……孔子讲去的理由是（一）可以入淤泥而不染，不怕脏乱；（二）一生不能白过，总希望找机会干大事。这几章描述具体，相当真实，足见孔子亦常人：说了真话，经不住问，只好说开玩笑。想做官干事，经不住问，只好勉强说些道理。"[②] 孔子制定了过于理想化的入仕前提，其结果是自己也不能严格遵守。这是理想主义者容易犯的通病。

孔子的直传弟子曾子基本上继承了他的入仕理念。曾子说："天下有道，则君子诉然以交同；天下无道，则衡言不革；诸侯不听，则不干其土；听而不贤，则不践其朝。……凡行不义，则吾不事；不仁，则吾不长。奉相仁义，则吾与之聚群乡尔；寇盗，则吾与虑。国有道则突若入焉，国无道则突若出焉，如此之谓义。"（《大戴礼记·曾子制言下》）根据《韩诗外传》的记载可知，曾子选择踏入仕途的目的是为了用俸禄供养父母以尽孝心。[③] 他把在乱世做官当作权宜之计。

---

① 孔子是周礼的坚定维护者，他坚决反对僭越礼制的行为。《论语·八佾》中有如下两段记载："孔子谓季氏，'八佾舞于庭，是可忍也，孰不可忍也？'"又，"三家者以《雍》彻。子曰：'"相维辟公，天子穆穆"，奚取于三家之堂？'"在孔子看来"八佾舞于庭"、"以《雍》彻"都是天子才能享用的礼仪。如果其他级别的官员也采用这些礼仪，就是僭越行为，属于乱臣贼子。
② 李泽厚：《论语今读》，生活·读书·新知三联书店 2004 年版，第 473-474 页。
③ 《韩诗外传》卷一载："曾子仕于莒，得粟三秉。方是之时，曾子重其禄而轻其身。亲没之后，齐迎以相，楚迎以令尹，晋迎以上卿。方是之时，曾子重其身而轻其禄。"

孟子在儒家入仕的问题上抱着强烈的理想主义情结。孟子主张士人应该积极入仕，他认为"士之仕也，犹农夫之耕也"。（《孟子·滕文公下》）士人入仕做官就好比农民要去耕田种地一样，是天经地义的事情。他也认为好的国家应该是"贤者在位，能者在职"。（《孟子·公孙丑上》）孟子对自己的政治才能十分自信，他说："夫天未欲平治天下也；如欲平治天下，当今之世，舍我其谁也？"（《孟子·公孙丑下》）孟子认为以从政为职业的士人不应考虑个人的功利问题，只应一心想着践行儒家之道。他说："鸡鸣而起，孳孳为善者，舜之徒也；鸡鸣而起，孳孳为利者，跖之徒也。欲知舜与跖之分，无他，利与善之间也。"（《孟子·尽心上》）在孟子看来有德之士的行为目的就是为善，如果把功利作为行动的出发点就与他贬斥的跖之徒无异了。孟子说："无恒产而有恒心者，惟士为能。若民，则无恒产，因无恒心。"（《孟子·梁惠王上》）孟子相信只有士人能够做到在没有固定产业的情况下还能坚守自己的志向。①

和孔子一样，孟子坚持士人入仕必须遵道而行。据《孟子·滕文公下》载：有人问孟子："仕如此其急也，君子之难仕，何也？"孟子的回答是："丈夫生而愿为之有室，女子生而愿为之有家；父母之心，人皆有之。不待父母之命、媒妁之言，钻穴隙相窥，逾墙相从，则父母国人皆贱之。古之人未尝不欲仕也，又恶不由其道。不由其道而往者，与钻穴隙之类也。"孟子把不按正道入仕的士人比作偷偷摸摸私下约会的男女。在孟子看来士人必须依据国君能否礼遇自己来决定入仕与否。《孟子·告子下》中有这么一段对话：有人问孟子："古之君子何如则仕？"孟子的回答是："所就三，所去三。迎之致敬以有礼；言，将行其言也，则就之。礼貌未衰，言弗行也，则去之。其次，虽未行其言，迎之致敬以有礼，则就之。礼貌衰，则去之。其下，朝不食，夕不食，饥饿不能出门户，君闻之，曰，'吾大者不能行其道，又不能从其言也，使饥饿于我土地，吾耻之。'周之，亦可受也，免死而已矣。"在孟子看来，君主能否做到以礼待人是士人是否入仕的关键所在。而能否以礼待人又是儒家判断君主是否贤明的重要标准。孟子认为有德之士是不会采用低三下四的

---

① 余英时说："孟子所谓'无恒产而有恒心'，事实上只能期之于极少数突出之'士'，因此但有'典型'的意义，而无普遍的意义。这不仅中国古代知识分子为然，古今中外亦莫不皆然。"见：余英时：《士与中国文化》，上海人民出版社2003年版，第97页。余英时的评论一语中的，指出了孟子道德理想主义的缺陷。道德理想主义者往往从一个非常美好的愿景出发提出严重不符合现实的理论，而不考虑可行性。孟子对士人提出了过高的期望。

方法靠近君主以谋取官职，如果是贤明的君主会主动上门聘请士人从政：

　　万章问曰："人有言，'伊尹以割烹要汤，'有诸？"孟子曰："否，不然；伊尹耕于有莘之野，而乐尧舜之道焉。非其义也，非其道也，禄之以天下，弗顾也；系马千驷，弗视也。非其义也，非其道也，一介不以与人，一介不以取诸人。汤使人以币聘之，嚣嚣然曰：'我何以汤之聘币为哉？我岂若处畎亩之中，由是以乐尧舜之道哉？'汤三使往聘之，既而幡然改曰：'与我处畎亩之中，由是以乐尧舜之道，吾岂若使是君为尧舜之君哉？吾岂若使是民为尧舜之民哉？吾岂若于吾身亲见之哉？天之生此民也，使先知觉后知，使先觉觉后觉也。予，天民之先觉者也；予将以斯道觉斯民也。非予觉之，而谁也？'思天下之民匹夫匹妇有不被尧舜之泽者，若己推而内之沟中。其自任以天下之重如此，故就汤而说之以伐夏救民。吾未闻枉己而正人者也，况辱己以正天下者乎？圣人之行不同也，或远，或近；或去，或不去；归洁其身而已矣。吾闻其以尧舜之道要汤，未闻以割烹也。《伊训》曰：'天诛造攻自牧宫，朕载自亳。'"（《孟子·万章上》）

　　在孟子看来，像伊尹这样的贤士是不会为了个人的仕途而甘愿做国君的厨师。贤士只会严格按照道义来决定个人仕途上的进退。孟子认为伊尹之所以决定入仕一是因为汤是贤君，主动派人恳请他做官，做到了以礼相待；二是伊尹想推行尧舜之道，救天下万民于水深火热之中。伊尹就是士人学习的楷模。

　　从《孟子》一书可以看出，孟子对他接触过的君主评价大多都很低：梁惠王被他骂作"不仁"（《孟子·尽心下》）；梁襄王在他看来"不似人君"（《孟子·梁惠王上》）；齐宣王被他质问地"顾左右而言他"。（《孟子·梁惠王下》）孟子一生尽管游历多国，也没有找到符合他要求的君主。

　　孔子孟子在入仕的道路上处处碰壁，遭人讥讽，这与他们的理想主义入仕理念不无关系。对于孔子，当时就有人认为他是在"知其不可而为之"。（《论语·宪问》）当孟子游说齐王不成而离开时，就有人做如此评价："不识王之不可以为汤武，则是不明也；识其不可，然且至，则是干泽也。"（《孟子·公孙丑下》）孔子孟子理想中的有道社会是三代，理想中的有道君主是尧舜汤武。① 在孔孟等人看来只有出现了尧舜汤武式的圣君，儒家才能施展自己的政治抱负，实现天下大治的目标。对这种思想，韩非子有过切中要害的批评："且夫百日不食以待梁肉，饿者不活；今待尧、舜之贤乃治当世之民，是犹待梁肉而救饿之说也。"（《韩非子·难势》）因为无论是像尧舜那样的圣君还是像桀纣那样的暴君都是千世一出，大部分君主介于尧舜与桀纣之间。事实是现实中的大部分君主资质一般。如果以尧舜汤武的水准来衡量现实中的君主，只会得出一个结论：现实中的君主都是无道的昏君、暴君，儒家也就自然无君可事。这是孔孟理想主义在从政问题上所引发的必然困境。

二、孔孟诸儒对君臣关系对等性的追求

从孔子到孟子先秦儒家都认为君臣之间的关系应该是一种对等的关系，君主对臣下没有绝对的支配权，臣下对君主也没有绝对服从的义务。臣下对君主的态度要以君主对臣下的态度而定。②

孔子认为君臣都有各自的责任义务。当齐景公问孔子如何处理政事时，孔子的回答是："君君，臣臣，父父，子子。"（《论语·颜渊》）孔子认为作为君主就要尽到君主应尽的职责，作为臣下就要尽到臣下应尽的职责。孔子主张君主应当以礼待臣，臣下应该忠心事君。《论语·八佾》篇载："定公问：'君使臣，臣事君，如之何？'孔子对曰：'君使臣以礼，臣事君以忠。'"孔子的话暗含着臣对君的忠心不是绝对的，而是以君对臣的礼遇为前提条件的。在孔子的思想中没有后世的绝对忠君观念，这一点可以从他对管仲的评价中更清楚地看出：

子路曰："桓公杀公子纠，召忽死之，管仲不死。"曰："未仁乎？"子曰："桓公九合诸侯，不以兵车，管仲之力也。如其仁，如其仁。"（《论语·宪问》）

子贡曰："管仲非仁者与？桓公杀公子纠，不能死，又相之。"子曰："管

---

① 无论是三代社会还是尧舜汤武都被儒家理想化了，这里面寄托了儒家的政治理想和价值追求。美化过去实质上意味着对现实的不满和批判。这种做法在诸子争鸣的时代是比较普遍的。对于同样一段历史或传说，各家的叙述都不一样。他们都从构建自己学说的需要出发，对历史和传说进行有意的修饰和加工。
② 这一点已经成为学术界不少人士的共识。可见：杨子彬：《孔子的君臣观》，载《齐鲁学刊》1986年第5期；李振宏：《圣人箴言录——〈论语〉与中国文化》，河南大学出版社1995年版，第119-121页；刘鄂培：《孟子大传》，清华大学出版社1998年版，第198-199页；邵汉明：《原始儒家君臣观的历史演变》，载《社会科学战线》1998年第4期；王国良：《从忠君到天下为公——儒家君臣关系论的演变》，载《孔子研究》2000年第5期；王世舜：《论孔子的"君臣观"》，载《聊城大学学报》（社会科学版）2003年第3期。

仲相桓公，霸诸侯，一匡天下，民到于今受其赐。微管仲，吾其被发左衽矣。岂若匹夫匹妇之为谅也，自经于沟渎而莫之知也？"（《论语·宪问》）

管仲本是公子纠的手下，他后来却投靠了杀死公子纠的齐桓公。按照常理管仲应该为公子纠而死，因此孔子的学生子路子贡对管仲的行为提出了异议。出乎意料的是孔子非但没有批判管仲，反而大加赞扬。孔子认为管仲辅佐齐桓公不依靠军力就能多次把诸侯纠合在一起，维护了政治秩序的稳定，减少了战争的危害。另外又使华夏地区的文明免于被落后民族所征服，华夷之辨要重于君臣之义。在孔子看来，和管仲的功勋相比，他在君臣关系上的失节就显得微不足道了。

孔子主张臣下要积极劝谏君主，纠正君主的过失。《论语·宪问》篇载："子路问事君。子曰：'勿欺也，而犯之。'"这表明孔子主张臣下不应欺骗君主，但要勇于犯颜直谏。孔子认为劝谏是臣对君的义务，如果君主不听从臣下的劝谏，臣下就不应贪恋权位和富贵，而应果断辞职离开。这就是孔子所说的："所谓大臣者，以道事君，不可则止。"（《论语·先进》）孔子的这一思想可从下面一段记载中清楚地看出：

季氏将伐颛臾。冉有、季路见于孔子曰："季氏将有事于颛臾。"孔子曰："求！无乃尔是过与？夫颛臾，昔者先王以为东蒙主，且在邦域之中矣，是社稷之臣也。何以伐为？"冉有曰："夫子欲之，吾二臣者皆不欲也。"孔子曰："求，周任有言曰：'陈力就列，不能者止。'危而不持，颠而不扶，则将焉用彼相矣？且尔言过矣，虎兕出于柙，龟玉毁于椟中，是谁之过与？"冉有曰："今夫颛臾，固而近于费。今不取，后世必为子孙忧。"孔子曰："求！君子疾夫舍曰欲之而必为之辞。丘也闻有国有家者，不患寡而患不均；不患贫而患不安。盖均无贫，和无寡，安无倾。夫如是，故远人不服，则修文德以来之。既来之，则安之。今由与求也，相夫子，远人不服，而不能来也；邦分崩离析，而不能守也；而谋动干戈于邦内。吾恐季孙之忧，不在颛臾，而在萧墙之内也。"（《论语·季氏》）

孔子认为冉有、季路作为季氏的家臣，看到季氏将要发动不义的战争就应该积极劝谏。如果季氏一意孤行，他们就应该做到"陈力就列，不能者止"，也即朱熹所注："言二子不欲则当谏，谏而不听则当去也。"①孔子明确反对臣下对君主阿谀奉承、一味迎合。

郭店楚简中有如下记载：

鲁穆公问于子思曰："如何而可谓忠臣？"子思曰："恒称其君之恶者，可谓忠臣矣。"公不悦，揖而退之。成孙弋见，公曰："向者吾问忠臣于子思，子思曰：'恒称其君之恶者，可谓忠臣矣。'寡人惑焉，而未之得也。'成孙弋曰：'噫，善哉言乎！夫为其君之故杀其身者，尝有之矣；恒称其君之恶者，未之有也。夫为其君之故杀其身者，效禄爵者也。恒称其君之恶者，远禄爵者也。为义而远禄爵，非子思，吾恶闻之矣。"②

子思认为所谓的忠臣总能指出君主的缺点和失误。这同样体现了一种直言劝谏的精神。按照成孙弋的分析，具有这种精神的人才真正做到了以道义作为处理君臣关系的准绳，不为功名利禄所累。

孟子主张在君臣关系中，为臣的一方要根据君主对自己态度的不同采取针锋相对的对策。《孟子·离娄下》载：

孟子告齐宣王曰："君之视臣如手足，则臣视君如腹心；君之视臣如犬马，则臣视君如国人；君之视臣如土芥，则臣视君如寇仇。"王曰："礼，为旧君有服，何如斯可为服矣？"曰："谏行言听，膏泽下于民；有故而去，则君使人导之出疆，又先于其所往；去三年不反，然后收其田里。此之谓三有礼焉。如此，则为之服矣。今也为臣，谏则不行，言则不听；膏泽不下于民；有故而去，则君搏执之，又极之于其所往；去之日，遂收其田里。此之谓寇雠。寇雠，何服之有？"

这种激烈的言论在先秦儒家中实属罕见。孟子不认为君臣之间是支配与被支配的关系。他认为双方的关系是对等的，君以什么样的态度对待臣，臣就以相应的态度对待君。在孟子看来，臣对君不应有任何的迁就和退让。

孟子认为如果君主犯了大错还不听劝谏，"贵戚之卿"可以更换君主；如果君主拒绝劝谏，"异姓之卿"就应辞职离去。③孟子反对臣在君面前一

---

① 朱熹集注：《四书》，上海古籍出版社 1995 年版，第 201 页。
② 李零：《郭店楚简校读记》，中国人民大学出版社 2007 年版，第 109 页。
③ 《孟子·万章下》载："齐宣王问卿。孟子曰：'王何卿之问也？'王曰：'卿不同乎？'曰：'不同；有贵戚之卿，有异姓之卿。'王曰：'请问贵戚之卿。'曰：'君有大过则谏，反覆之而不听，则易位。'王勃然变乎色。曰：'王勿异也。王问臣，臣不敢不以正对。'王色定，然后请问异姓之卿。曰：'君有过则谏，反覆之而不听，则去。'"

味顺从，在他看来，臣下如果在君主面前表现的唯唯诺诺就与妾妇无异了，真正的士人无论得志与否都要做顶天立地的大丈夫。《孟子·滕文公下》载："景春曰：'公孙衍、张仪岂不诚大丈夫哉？一怒而诸侯惧，安居而天下熄。'孟子曰：'是焉得为大丈夫乎？子未学礼乎？丈夫之冠也，父命之；女子之嫁也，母命之，往送之门，戒之曰："往之女家，必敬必戒，无违夫子！"以顺为正者，妾妇之道也。居天下之广居，立天下之正位，行天下之大道；得志，与民由之；不得志，独行其道。富贵不能淫，贫贱不能移，威武不能屈，此之谓大丈夫。'"孟子认为士人在国君高官面前不但无须任何敬畏，而且还可以藐视他们。孟子说过："说大人，则藐之，勿视其巍巍然。堂高数仞，榱题数尺，我得志，弗为也。食前方丈，侍妾数百人，我得志，弗为也。般乐饮酒，驱骋田猎，后车千乘，我得志，弗为也。在彼者，皆我所不为也；在我者，皆古之制也，吾何畏彼哉？"（《孟子·尽心下》）孟子始终主张士人在君主面前要保持高昂的气势，维护士人的人格独立与尊严，而君主一方的感受则被忽视了。

第二节 荀子的君臣关系思想

一、现实主义的入仕观：无君不可事

　　荀子作为先秦儒家的最后一位大师，他的思想特色与前儒相比，现实主义倾向十分明显。其入仕观便是其中一例。

　　荀子与孔孟均主张士人应该积极入仕，通过参与政治建立儒家理想中的和谐有序的社会。荀子说："仕者必如学。"（《荀子·大略》）这是对孔子以来儒家"学而优则仕"思想的继承。荀子主张："论德而定次，量能而授官，皆使人载其事而各得其所宜。上贤使之为三公，次贤使之为诸侯，下贤使之为大夫"。（《荀子·君道》）官位应由贤德之人担任也是先秦儒家历来的入仕理念。

　　不过，荀子在士人入仕问题上的看法和前儒相比已有了很大的变化。荀子认为君子小人行为的目的都是为了追求名利，他说："饥而欲食，寒而欲暖，劳而欲息，好利而恶害，是人之所生而有也，是无待而然者也，是禹、桀之所同也。"（《荀子·荣辱》）君子和小人的差异在于他们所用的手段不同，荀子说："好荣恶辱，好利恶害，是君子小人之所同也，若其所以求之之道则异矣。"（《荀子·荣辱》）而孔孟却认为有德之士是不会把个人功利作为行动的出发点，否则就与小人无异。荀子敢于言利，而孔孟则讳言利。

荀子实际上放弃了孔孟择君而事的观点，他认为不管是什么类型的君主，士人均可与之合作。荀子提出："事圣君者，有听从，无谏争；事中君者，有谏争，无谄谀；事暴君者，有补削，无挢拂。"（《荀子·臣道》）荀子不像孔孟那样把君主简单地分为有道之君和无道之君，而是将君主划分为三类：圣君、中君、暴君，其中中君的提法在先秦儒家中实属首创。在荀子看来，士人可以根据君主类型的不同采取相应的入仕对策，这可以称得上无君不可事。荀子说："恭敬而逊，听从而敏，不敢有以私抉择也，不敢有以私取与也，以顺上为志，是事圣君之义也。"（《荀子·臣道》）在荀子看来，士人在尧舜式的圣君手下当官，反而无更多发挥个人才能的机会。因为君主圣明，政事都会处理的恰到好处，臣下只需要顺着君主的意思恭恭敬敬办事就行了，无须提建议，也不敢自作主张。很明显，这是一种非常理想的政治图景，现实中并不存在。圣君只存在于被严重理想化的历史中。荀子说："忠信而不谀，谏争而不谄，挢然刚折，端志而无倾侧之心，是案曰是，非案曰非，是事中君之义也。"（《荀子·臣道》）中君的资质平凡，既不像尧舜那样圣明，也不像桀纣那般残暴，具有较大的可塑性。应该说荀子充分认识到了现实中的国君大多属于中君的行列。荀子认为士人在中君手下当官要忠心耿耿，不搞阿谀奉承，是非分明，敢于向国君提建议。这样，中君就可能变成贤君。荀子说："调而不流，柔而不屈，宽容而不乱，晓然以至道而无不调和也，而能化易，时关内之，是事暴君之义也。若驭朴马，若养赤子，若食餧人，故因其惧也，而改其过；因其忧也，而辨其故；因其喜也，而入其道；因其怒也，而除其怨：曲得所谓焉。"（《荀子·臣道》）荀子认为士人在暴君手下仍然可以为官。士人要在坚持原则立场的前提下，采取温和渐进的手段向暴君讲明道理，引导其走向正途。荀子将暴君比作未驯服的野马和初生的婴儿，足见荀子对在暴君手下从政的危险和艰难有清醒的认识，所以他提出要从暴君自身的性情感受出发，因势利导，在不激怒暴君的前提下通过曲折迂回的手段对暴君加以改造，将其引上正道。① 孔子反对在无道的暴君手下当官，他主张"有道则见，无道则隐"。（《论语·泰伯》）在孟子看来，对那些不听劝谏的暴君，贵戚之卿可以将其赶下台，异姓之卿就要辞职离去。孔孟均不考虑在暴君治下的从政可能，只提倡在贤君治下从政。这和荀子无君不可事的观点相差甚远。

荀子虽然主张无君不可事但他并没有放弃儒家"从道不从君"（《荀子·臣道》）的原则。荀子着重对为臣的一方提出要求：士人不管在何种类型的君主手下从政，必须按照道义要求自身，决不能随波逐流，助纣为虐。荀子只是降低了入仕的前提条件，但没有突破儒家的道德底线。《荀子·非十二子》篇中载："古之所谓士仕者，厚敦者也，合群者也，乐富贵者也，乐分施者也，远罪过者也，务事理者也，羞独富者也。今之所谓士仕者，污漫者也，贼乱者也，恣睢者也，贪利者也，触抵者也，无礼义而唯权势之嗜者也。"通过古今入仕者的对比，荀子批判了当时那些不择手段、惟利是图的贪权之辈，从而维护了儒家在入仕问题上的基本立场。在荀子看来，理想的君主应该按照礼义，公平对待下属。他说："请问为人君？曰：以礼分施，均遍而不偏。"（《荀子·君道》）在《荀子》一书中可以找出多处荀子称赞尧舜汤武的论述。荀子与孔孟一样有自己理想中的君主，他们的不同在于荀子能本着退而求其次的务实精神，肯定士人可以在非理想的君主治下入仕。

荀子在主张士人积极入仕的同时，对士人的不遇有着清醒的认识。他说："虽有贤圣，适不遇世孰知之？"（《荀子·成相》）士人能否顺利入仕取决于君主能否真正按照任人唯贤的原则办事。荀子看到了当时君主在用人上的问题："人主之患，不在乎不言用贤，而在乎诚必用贤。夫言用贤者口也，却贤者行也，口行相反而欲贤者之至，不肖者之退也，不亦难乎！"（《荀子·致士》）士人遇见口是心非的君主就会仕途无望。荀子认识到士人在入仕的问题上是处于被动状态。荀子说："君子能为可贵，不能使人必贵己；能为可信，不能使人必信己；能为可用，不能使人必用己。故君子耻不修，不耻

① 这说明荀子虽然主张士人可以在暴君治下入仕，但并不赞成士人可以为了荣华富贵而与暴君同流合污。荀子认为在暴君治下士人出于无奈还可以采取明哲保身的策略。他说："迫胁于乱时，穷居于暴国，而无所避之，则崇其美，扬其善，违其恶，隐其败，言其所长，不称其所短，以为成俗。"（《荀子·臣道》）

见污；耻不信，不耻不见信；耻不能，不耻不见用。"（《荀子·非十二子》）荀子认为士人贵在把握好自身的因素，对于自身之外的因素只能顺其自然。因此，荀子对士人的进退之境做了全面考虑，也即"儒者在本朝则美政，在下位则美俗"。（《荀子·儒效》）具体讲就是："儒者法先王，隆礼义，谨乎臣子而致贵其上者也。人主用之，则埶在本朝而宜；不用，则退编百姓而悫，必为顺下矣。虽穷困冻馁，必不以邪道为贪；无置锥之地而明于持社稷之大义"。（《荀子·儒效》）在荀子看来士人得志就尽到为臣的本分，把朝政处理好，不得志就安分守己，起到美风美俗的作用。

二、术的引进和尊君卑臣色彩的凸显

在先秦儒家中，荀子将术引进了君臣关系的论述中。从这些和儒家道德理想主义不合拍的有关术的论述中，可以看出荀子放弃了君臣对等的理念，尊君卑臣的色彩凸显了出来。

在春秋战国时期，士人要想取得仕途上的进取所面临的首要难题就是如何说服国君。[①]荀子对此深有体会，他说："凡说之难，以至高遇至卑，以至治接至乱。未可直至也，远举则病缪，近世则病佣。"（《荀子·非相》）在荀子看来，士人的难处在于他们要用最高深的道理去劝说那些最鄙陋的君主，要用最好的治国之道去游说那些最善于把国家搞乱的君主。因此，士人很难采取直截了当的方式来达成自己的目的。士人用远古的事例进行劝说容易让他们感到荒谬不可信，用近世的事例进行劝说又容易让他们感到庸俗不堪。因此荀子认为士人游说时应做到："善者于是间也，亦必远举而不缪，近世而不佣，与时迁徙，与世偃仰，缓急嬴绌，府然若渠匽檃栝之于己也，曲得所谓焉，然而不折伤。"（《荀子·非相》）在荀子看来士人在游说君主时，应做到用远古的事例进行劝说时让他们感到可信、不荒谬，用近世的

---

① 商鞅游说秦君的例子很好地说明了这一点："公叔既死，公孙鞅闻秦孝公下令国中求贤者，将修缪公之业，东复侵地，乃遂西入秦，因孝公宠臣景监以求见孝公。孝公既见卫鞅，语事良久，孝公时时睡，弗听。罢而孝公怒景监曰：'子之客妄人耳，安足用邪！'景监以让卫鞅。卫鞅曰：'吾说公以帝道，其志不开悟矣。'后五日，复求见鞅。鞅复见孝公，益愈，然而未中旨。罢而孝公复让景监，景监亦让鞅。鞅曰：'吾说公以王道而未入也。请复见鞅。'鞅复见孝公，孝公善之而未用也。罢而去。孝公谓景监曰：'汝客善，可与语矣。'鞅曰：'吾说公以霸道，其意欲用之矣，诚复见我，我知之矣。'卫鞅复见孝公。公与语，不自知膝之前于席也，语数日不厌。景监曰：'子何以中吾君？吾君之欢甚也。'鞅曰：'吾说君以帝王之道比三代，而君曰："久远，吾不能待。且贤君者，各及其身显名天下，安能邑邑待数十百年以成帝王乎？"故吾以强国之术说君，君大说之耳。然亦难以比德于殷周矣。'"（《史记·商君列传》）

事例进行劝说时让他们感到不庸俗。士人要结合时代的变化安排自己的言谈内容，控制好谈话的速度和长短，达到婉转地说服对方的目的又不挫伤对方。荀子认为士人掌握了游说的技巧后即便不能取悦对方至少也能让对方尊重自己，他说："谈说之术：矜庄以莅之，端诚以处之，坚强以持之，分别以喻之，譬称以明之，欣欢芬芗以送之，宝之珍之，贵之神之，如是则说常无不受。虽不说人，人莫不贵"。（《荀子·非相》）

荀子认为士人要想取得君主的宠爱，在仕途上立于不败之地，必须掌握一定的权术：

> 持宠处位终身不厌之术：主尊贵之，则恭敬而僔；主信爱之，则谨慎而嗛；主专任之，则拘守而详；主安近之，则慎比而不邪；主疏远之，则全一而不倍；主损绌之，则恐惧而不怨。贵而不为夸，信而不处谦，任重而不敢专，财利至则善而不及也，必将尽辞让之义然后受，福事至则和而理，祸事至则静而理，富则施广，贫则用节。可贵可贱也，可富可贫也，可杀而不可使为奸也，是持宠处位终身不厌之术也。（《荀子·仲尼》）

荀子认为在君臣关系中，如果君尊重臣，那么为臣的一方就应该恭敬谦让；如果君信任宠爱臣，那么为臣的一方就应该谨慎谦虚；如果君把事务交给臣去全权处理，那么为臣的一方就应该恪尽职守、认真地把事情办好；如果君亲近臣，那么为臣的一方就应该谨慎顺从而不走邪道；如果君疏远臣，那么为臣的一方就应该一心一意忠于君主而不背叛；如果君贬损臣，那么为臣的一方就应该心怀恐惧而不抱怨。为臣的一方在地位高贵时不自大，深受君主信任时不忘避嫌，受到重用时不敢专权，受到奖赏时要先推辞后接受。总之，不管君对臣的态度是好是坏，是近是远，臣对君都应该毕恭毕敬，任劳任怨，不背离为臣之道。①孔子主张"君使臣以礼，臣事君以忠"（《论语·八佾》），臣对君的忠心是以君主的以礼相待为前提的。孟子主张臣要依据君对自己态度的好坏视君主为腹心、国人、寇仇。与孔孟相比，荀子在淡化忠君的前提，并在实际上放弃了对君臣关系对等性的追求，强调的是臣对君的忠心与服从，不难看出其中的尊君卑臣色彩。荀子在处理君臣关系时更多考虑的是君主一

---

① 荀子在另一处说的更直接："天下之行术：以事君则必通，以为仁则必圣，立隆而勿贰也。然后恭敬以先之，忠信以统之，慎谨以行之，端悫以守之，顿穷则从之疾力以申重之。君虽不知，无怨疾之心；功虽甚大，无伐德之色；省求，多功，爱敬不倦：如是，则常无不顺矣。以事君则必通，以为仁则必圣，夫是之谓天下之行术。"（《荀子·仲尼》）

方的感受和利益。

荀子认为士人要想在官场上身居要位，获得君主的宠爱，消除后患还要掌握另外一些权术：

> 求善处大重，理任大事，擅宠于万乘之国，必无后患之术：莫若好同之，援贤博施，除怨而无妨害人。能耐任之，则慎行此道也。能而不耐任，且恐失宠，则莫若早同之，推贤让能而安随其后。如是，有宠则必荣，失宠则必无罪，是事君者之宝而必无后患之术也。（《荀子·仲尼》）

荀子认为士人在官场上要善于与人合作，推荐贤人，广施恩惠，消除别人对自己的怨恨，不妨害别人。士人如果有能力担任自己的官职就谨慎地按照上述方法行事。士人如果没有能力担任自己的官职又怕失去君主的宠爱就应及早向君主推荐贤人接替自己的职位，然后心甘情愿地追随其后。这样就可以做到在得到君主宠爱时有荣耀，在失去君主宠爱时不获罪。荀子认为这是臣侍奉君，消除一切后患的良方。荀子认为士人身处官场最忌讳结怨太多，他说：

> 处重擅权，则好专事而妒贤能，抑有功而挤有罪，志骄盈而轻旧怨，以吝啬而不行施道乎上，为重招权于下以妨害人，虽欲无危，得乎哉！是以位尊则必危，任重则必废，擅宠则必辱，可立而待也，可炊而傹也。是何也？则堕之者众而持之者寡矣。（《荀子·仲尼》）

在荀子看来士人如果在官场上独断专行，嫉贤妒能，压制有功之人，打击犯错之人，骄傲自大，忽视旧怨，吝啬成性，不肯广施恩惠，为了个人权势妨碍他人，就会陷入危险的境地。因为这些所作所为一方面会招致太多人的反对，另一方面会使赞同的人变得稀少。

对于《仲尼》篇荀子所讲的这些与儒家道德理想主义不合拍的内容，郭沫若提出了一个大胆的设想，他认为这些论述可能不是出于荀子之手。郭沫若认为《仲尼》篇这些内容讲的是"妾妇之道，汉以后有不少的太平宰相正靠着这种方术的实践而博得了安富尊荣，死而配享文庙的，然而要说真是出于荀子的手笔，荀子似乎还没有堕落到这样的程度。"[①]他提出了两点理由：第一，荀子在《臣道》篇中反对"偷合苟容，以持禄养交"的国贼，并将"巧

---

① 郭沫若：《十批判书》，东方出版社 1996 年版，第 231 页。

敏佞说，善取宠乎上"的人称为"态臣"。 郭沫若由此断定《臣道》篇与《仲尼》篇互相矛盾，因而其中一篇必定是伪造的。第二，郭沫若通过对《荀子》一书前26篇中礼字的统计，发现只有《仲尼》篇没有出现礼字。而礼又是荀子反复强调的核心概念。他就此得出结论：《仲尼》篇"那些言'术'的卑鄙不堪的思想，不一定出于荀子。"① 郭沫若的结论其实很难站的住脚。第一，荀子在《臣道》篇中反对的行为并不是他在《仲尼》篇中赞成的行为。在《仲尼》篇中荀子并没有主张为臣的一方应该通过花言巧语的手段取宠于君主，他也没有主张为臣的一方应该放弃道德原则一味迎合君主，更没有提出做臣下的应去豢养私党。他提出臣下要取宠于君主，但手段尚在道德允许的范围之内。荀子认为臣子要做到"可贵可贱也，可富可贫也，可杀而不可使为奸也"。（《荀子·仲尼》）"不为奸"是荀子坚守的道德底线。荀子讲的这些为臣之道虽然不理想、不高尚，但不能说其"卑鄙不堪"。《臣道》篇与《仲尼》篇的思想内容并非不可调和。第二，郭沫若以《仲尼》篇没有礼字出现为由来证明该篇不是出于荀子之手更是显得牵强。我们不能因为荀子强调礼就以礼字的出现与否来判断《荀子》各篇的真伪。郭沫若的这种论证方法缺乏学理基础，无法得到学界的认可。郭沫若的论断既忽略了荀子所处的时代背景，也忽视了《荀子》一书中有多个篇章都涉及到了有关术的内容。②

孔子孟子推崇为臣的一方要敢于犯颜直谏、直道而行。荀子在这个问题上有着比较复杂的看法。荀子在一定程度上也提倡臣面对君的失误应该不计个人得失敢于犯颜直谏。他说：

君有过谋过事，将危国家、殒社稷之惧也，大臣父兄有能进言于君，用则可，不用则去，谓之谏；有能进言于君，用则可，不用则死，谓之争；有能比知同力，率群臣百吏而相与强君挢君，君虽不安，不能不听，遂以解国之大患，除国之大害，成于尊君安国，谓之辅；有能抗君之命，窃君之重，反君之事，以安国之危，除君之辱，功伐足以成国之大利，谓之拂。故谏、争、辅、拂之人，社稷之臣也，国君之宝也，明君所尊厚也，而暗主惑君以为己贼也。故明君之所赏，暗君之所罚也；暗君之所赏，明君之所杀也。伊尹、箕子，可谓谏矣；比干、子胥，可谓争矣；平原君之于赵，可谓辅矣；信陵君之于魏，可谓拂矣。

---

① 郭沫若：《十批判书》，东方出版社1996年版，第231页。
② 例如，在《荀子·君道》篇就讲述了君主如何制衡臣下的权术。

（《荀子·臣道》）

荀子认为谏的含义就是臣面对君的失误要敢于犯颜直谏，君主如果采纳了就继续供职，如果不采纳就辞职离去；争的含义是臣对君提意见后，如果君采纳就继续供职，如果不采纳就以死表明自己的忠心。荀子认为谏争之人是国家的栋梁之才和国君的宝贵财富。从这一段论述中很难看出荀子与孔孟的区别。不过，荀子在犯颜直谏这个问题上还有别的看法：

有大忠者，有次忠者，有下忠者，有国贼者：以德復君而化之，大忠也；以德调君而辅之，次忠也；以是谏非而怒之，下忠也；不恤君之荣辱，不恤国之臧否，偷合苟容，以之持禄养交而已耳，国贼也。若周公之于成王也，可谓大忠矣；若管仲之于桓公，可谓次忠矣；若子胥之于夫差，可谓下忠矣；若曹触龙之于纣者，可谓国贼矣。（《荀子·臣道》）

在荀子看来臣对君表达忠心要分三个层次。大忠之臣是像周公那样用道德感化的方式使君主成为名垂青史的明君；次忠之臣是像管仲那样用道德调养君主，辅佐君主成就一番霸业；下忠之臣是像伍子胥那样因为犯颜直谏触怒了君主而丢掉了自己的性命。从中不难看出，荀子提倡的是大忠之臣、次忠之臣。因为不管是大忠之臣还是次忠之臣都能做到兼顾君臣双方的利益。荀子将犯颜直谏的尽忠方式称为下忠，并举出了伍子胥的例子。伍子胥因为犯颜直谏而丧命，他的国君夫差也因没有听从他的建议最终落了个国破家亡的悲惨结局。在荀子看来犯颜直谏这种方式固然是表达忠心的一种方式，但给君臣双方带来了极为严重的后果。为臣的一方犯颜直谏往往意味着要给君主带来道德上的恶名，伤及君主的颜面，因此极容易触怒君主。盛怒之下的君主又往往会采取非理性的方式报复提建议的臣下。故而犯颜直谏很难取得预期的效果，通常会给君臣双方带来极大的伤害。因此，荀子虽然在一定程度上肯定了犯颜直谏，但他实际上却认为为臣的一方最好不要采取这种方式。在荀子看来，为臣的一方最好用婉转柔和的方式在不伤及君主颜面的前提下处理好君臣关系。从中可以看出，荀子十分注意从君主一方的感受出发考虑为臣之道。荀子认为为臣的一方应该时时处处把维护君主的利益作为行动的出发点，他说："从命而利君谓之顺，从命而不利君谓之谄；逆命而利君谓之忠，逆命而不利君谓之篡；不恤君之荣辱，不恤国之臧否，偷合苟容，以持禄养交而已耳，谓之国贼。"（《荀子·臣道》）对照孔孟在谏君问题上的态度，可以看出荀子思想中的尊君卑臣的倾向比较明显。

荀子在《臣道》篇提出了"仁者必敬人"的观点。他认为："仁者必敬人。凡人非贤则案不肖也。人贤而不敬，则是禽兽也；人不肖而不敬，则是狎虎也。"（《荀子·臣道》）在他看来，一个人如果不尊敬贤者，说明其自身道德有问题；如果不尊敬不肖之徒，可能会招来麻烦，惹祸上身。因为人情实际是无论贤者还是不肖之徒，在人际交往中都需要别人起码的尊敬，都要维护个人的尊严与面子。因此，荀子主张对两者均要尊敬。荀子进一步提出："敬人有道：贤者则贵而敬之，不肖者则畏而敬之；贤者则亲而敬之，不肖者则疏而敬之。其敬一也，其情二也。"（《荀子·臣道》）对贤者和不肖之徒，仁者都要尊敬，但内心的感受却不同。对贤者的尊敬是发自内心的推崇和亲近，对不肖之徒则是敬而远之，抱着避免惹祸上身的恐惧心理。荀子人际交往的这一思想应用在君臣关系上便是不管君主是何类型，为臣的一方均可本着"仁者必敬人"的原则，对君主保持起码的尊敬。为臣的一方要根据君主类型的不同加以区别对待。这种考虑也可以说是为了最大限度的保全自我。

荀子认为君臣之间理想的分工关系应是"主道知人，臣道知事。"（《荀子·大略》）君主的主要职责是选拔人才、任命官员，臣下的职责是根据君主的安排做好自己的本职工作。荀子说："人主者，以官人为能者也；匹夫者，以自能为能者也。人主得使人为之，匹夫则无所移之。百亩一守，事业穷，无所移之也。今以一人兼听天下，日有馀而治不足者，使人为之也。大有天下，小有一国，必自为之然后可，则劳苦耗顇莫甚焉，如是，则虽臧获不肯与天子易执业。"（《荀子·王霸》）在荀子看来君主和普通人的区别就在于君主不必事事躬亲。君主只要安排好人事，具体的事情就由臣下去完成。如果一国之君事无大小都去过问，君主就会陷入极端的劳苦之中，即便是奴隶也不愿意和他交换位置。因此荀子一再强调君主在处理君臣关系时要抓住要领：

明主好要而暗主好详。主好要则百事详，主好详则百事荒。君者，论一相，陈一法，明一指，以兼覆之，兼照之，以观其盛者也。相者，论列百官之长，要百事之听，以饰朝廷臣下百吏之分，度其功劳，论其庆赏，岁终奉其成功以效于君。当则可，不当则废，故君人劳于索之，而休于使之。（《荀子·王

霸》)

在荀子看来君主在选拔人才时必须劳累一番，一旦做好了人事安排君主就可以轻轻松松地把国家治理好。荀子特别强调选好宰相十分重要。因为宰相是君主的左膀右臂，又是百官之首。荀子认为君主在选拔人才时应该严格按照任人唯贤的原则，绝不能搞任人唯亲。他说："人主欲得善射，射远中微者，县贵爵重赏以招致之，内不可以阿子弟，外不可以隐远人，能中是者取之，是岂不必得之之道也哉！虽圣人不能易也。欲得善驭速致远者，一日而千里，县贵爵重赏以招致之，内不可以阿子弟，外不可以隐远人，能致是者取之，是岂不必得之之道也哉！虽圣人不能易也。欲治国驭民，调壹上下，将内以固城，外以拒难，治则制人，人不能制也，乱则危辱灭亡可立而待也。然而求卿相辅佐，则独不若是其功也，案唯便嬖亲比己者之用也，岂不过甚矣哉！"（《荀子·君道》）在荀子看来君主只有严格按照任人唯贤的原则才能选拔出真正的人才，如果背离了这一原则去搞任人唯亲那一套就会使国家陷入险境。

荀子认为君主应掌握一定的方法来鉴别人才：

校之以礼，而观其能安敬也；与之举措迁移，而观其能应变也；与之安燕，而观其能无流慆也；接之以声色、权利、忿怒、患险，而观其能无离守也。彼诚有之者与诚无之者，若白黑然，可诎邪哉！故伯乐不可欺以马，而君子不可欺以人，此明王之道也。（《荀子·君道》）

荀子认为君主应该参照礼的规定，看臣下能否安泰恭敬；让臣下处在动荡变化的环境中，看他们能否应对形势的变化；让臣下处在安逸舒适的环境中看他们是否放荡不羁；让臣下接触声色、权势财富、怨恨愤怒、患难危险，看他们能否坚持职守。荀子认为经过这些考验，君主就可以很清楚地看出臣下道德的高下和能力的大小。

荀子给君主指出臣下分为四类：

人臣之论：有态臣者，有篡臣者，有功臣者，有圣臣者。内不足使一民，外不足使距难，百姓不亲，诸侯不信，然而巧敏佞说，善取宠乎上，是态臣者也。上不忠乎君，下善取誉乎民，不恤公道通义，朋党比周，以环主图私为务，是篡臣者也。内足使以一民，外足使以距难，民亲之，士信之，上忠乎君，下爱百姓而不倦，是功臣者也。上则能尊君，下则能爱民，政令教化，刑下如影，应卒遇变，齐给如响，推类接誉，以待无方，曲成制象，是圣臣者也。故用圣臣者王，用功臣者强，用篡臣者危，用态臣者亡。态臣用则必死，篡臣用则必危，功臣用则必荣，圣臣用则必尊。故齐之苏秦，楚之州侯，秦之张仪，可谓态臣者也。韩之张去疾，赵之奉阳，齐之孟尝，可谓篡臣也。齐之管仲，晋之咎犯，楚之孙叔敖，可谓功臣矣。殷之伊尹，周之太公，可谓圣臣矣。是人臣之论也，吉凶贤不肖之极也，必谨志之而慎自为择取焉，足以稽矣。（《荀子·臣道》）

　　在荀子看来，态臣对内不能管理好民众，对外不能抵抗他国的入侵，国内的人民不亲近他们，国外的诸侯不信任他们，他们只善于利用花言巧语去骗取君主的宠爱；篡臣不忠于君主却善于在民众中骗取声誉，他们不讲公道大义，结党营私，围绕在君主周围以图个人的私利；功臣对内能管理好民众，对外能抗拒他国的入侵，他们能赢得民众的亲近和士人的信任，对君主忠心不二，对百姓爱护不懈怠；圣臣上能尊崇君主下能爱护百姓，推行政令教化时能使百姓做到如影随形，能够迅速处理各种突发事件，依照原则应对各种变化。荀子认为国君任用态臣国家就会走向灭亡，任用篡臣国家就会陷入险境，任用功臣就能使国家走向富强，任用圣臣就能称王天下。因此荀子提醒国君一定要谨慎任用大臣。

　　荀子主张君主一定要加强个人的道德修养，给手下官员做好榜样，他说："请问为国？曰：闻修身，未尝闻为国也。君者，仪也，仪正而景正；君者，盘也，盘圆而水圆；君者，盂也，盂方而水方。君射则臣决。楚庄王好细腰，故朝有饿人。故曰：闻修身，未尝闻为国也。"（《荀子·君道》）在荀子看来，君主要明白自身的一举一动都会引起手下官员的关注。有什么样的君主，就有什么样的臣下。这是典型的德治思想。

　　荀子认为国君应掌握权力制衡之术，广布亲信耳目，牵制手下的大臣，以保证君位不受威胁：

　　墙之外，目不见也；里之前，耳不闻也；而人主之守司，远者天下，近者境内，不可不略知也。天下之变，境内之事，有弛易齺差者矣，而人主无由知之，则是拘胁蔽塞之端也。耳目之明，如是其狭也；人主之守司，如是其广也；其中不可以不知也，如是其危也。然则人主将何以知之？曰：便嬖左右者，人主之所以窥远收众之门户牖向也，不可不早具也。故人主必将有便嬖左右足信者然后可，其知惠足使规物、其端诚足使定物然后可，夫是之谓国具。人主不能不有游观安燕之时，则不得不有疾病物故之变焉。如是国者，事物之至也如泉原，一物不应，乱之端也。故曰：人主不可以独也。卿相辅佐，人主之基、杖也，不可不早具也。故人主必将有卿相辅佐足任者然后可，其德音足以填抚百姓、其知虑足以应待万变然后可，夫是之谓国具。四邻诸侯之相与，不可以不相接也，然而不必相亲也。故人主必将有足使喻志决疑于远方者然后可。其辩说足以解烦、其知虑足以决疑、其齐断足以距难，不还秩、不反君，然而应薄扞患足以持社稷，然后可，夫是之谓国具。故人主无便嬖左右足信者谓之暗，无卿相辅佐足任使者谓之独，所使于四邻诸侯者非其人谓之孤，孤独而暗谓之危。（《荀子·君道》）

在荀子看来，君主个人能力有限，一墙之外的东西看不见，里门之前的声音听不见，而国君管理的范围又是如此之大。国君如果不能得到充足的信息来了解境内的变化就会陷入蔽塞和危险之中。因此荀子提出国君必须有自己的亲信耳目，也即"便嬖左右"。这些人的专门工作就是收集国内情报，监视各级官吏。有了这些亲信耳目国君就不用担心因信息蔽塞而陷入被动之中。荀子接着又指出国君要选拔好处理内政和外交的官员：负责国内政务的官员能让民众信服并能应对国内的各种突发事件，负责外交事务的官员能够处理好国与国之间的外交纠纷，独立完成君主交给的外交任务，解除国君的担忧，维护国家的安全。这两类官员都要受国君的亲信耳目的监督制约。荀子认为国君要想治理好国家，这三种人才缺一不可。[①]

荀子在坚持和继承先秦儒家入仕基本立场的前提下，明显减少了先秦儒家在入仕问题上的理想主义论调，认为无君不可事；在处理君臣关系时，更多考虑了君主一方的感受和实情，不再过分强调士人的人格独立，主张臣对君要采取隐忍退让的态度，并把术的内容引入了君臣相处之道中。荀子在改造先秦儒家的君臣观时有其道德底线。

---

① 从中可以看出荀子的思想明显受到了先秦法家思想的影响。本书对此问题暂不展开论述。

第三节 再论荀子君臣关系思想转变的成因

　　针对荀子对先秦儒家君臣关系思想的改造，学界普遍认为这是荀子迎合君主专制制度的表现。晚清的谭嗣同说："二千年来之政，秦政也，皆大盗也；二千年来之学，荀学也，皆乡愿也。惟大盗利用乡愿；惟乡愿工媚大盗。"①在谭嗣同看来，荀子刻意迎合专制君主，他就是没有道德操守的乡愿。方尔加认为孔孟都是本着"尊道重于尊君"的原则看待君臣关系，而荀子却是重君轻道，"为王者尊已成为荀子思想的一个非常重要的方面。这也就是他对儒家所作的重要改变。这种改变，使儒家从此以更加积极主动的姿态投入王者的怀抱，直接从王者的利益出发为其出谋划策。"②荀子君臣观的转变的确与君主专制制度的确立分不开，他的思想中也确实存在迎合君主的成分。因此对荀子君臣观的批判是有一定道理的。不过，从本章第二节的论述中可以看出荀子在对先秦儒家君臣观进行改造时总是力图守住基本的道德底线，并不是在无原则地迎合君主。谭嗣同等人对荀子的批判无疑带有一些感情色彩。通过进一步考察可知荀子君臣观的转变还有其他方面的重要原因。

　　荀子生活在百家争鸣的战国末期。主张积极入世的儒家必须争取参政的机会才能实现儒家救世济民的理想。不但儒家如此，其他各家也在争取统治者的支持。儒家虽然号称显学，但它的影响主要集中在文化教育领域。从当时的形势来看，得势的是讲究实用的法家、纵横家以及兵家。《史记·孟子荀卿列传》载："当是之时，秦用商鞅，富国强兵；楚、魏用吴起，战胜弱敌；齐威王、宣王用孙子、田忌之徒，而诸侯东面朝齐。天下方务于合从连衡，以攻伐为贤"。儒家学说不被统治者重视利用，原因是多方面的，而孔孟理想主义的入仕观就是其中一个重要原因。按照他们择君而事的原则办事，只会使儒家与政治绝缘。春秋战国是争于气力的时代,各国国君都希望富国强兵，通过战争掠夺土地和人口，很少顾及道德方面的问题。顾炎武对这个时代的描述是："春秋时犹尊礼重信，而七国则绝不言礼与信矣。春秋时犹宗周王，而七国则绝不言王矣。春秋时犹严祭祀，重聘享，而七国则无其事矣。春秋

---

① 谭嗣同：《仁学》，华夏出版社 2002 年版，第 96 页。
② 方尔加：《荀子新论》，中国和平出版社 1993 年版，第 46 页。

时犹论宗姓氏族，而七国则无一言及之矣。春秋时犹宴会赋诗，而七国则不闻矣。春秋时犹有赴告策书，而七国则无有矣。邦无定交，士无定主，此皆变于一百三十三年之间。史之阙文，而后人可以意推者也。不待始皇之并天下，而文武之道尽矣。"①葛兆光也认为："人在那个时代已经发展出来最冷酷和最彻底的实用理性，早已经不再相信那些不能直接获得利益或遭受惩罚的仪式和象征，也早已经不再相信那些没有实用意义的良心和道德。仪式和象征，良心和道德，仿佛破旧的稻草人在田边孤零零地矗立着，没有人会真的把它当作人来看，连麻雀的眼珠也不转过去"。②孔孟是在一个最讲功利的时代鼓吹最理想的道德。如果用孔孟的仁义之尺来衡量，当时的国君几乎都是无道之君，儒家自然就找不到政治上的合作对象。因此，荀子必须重新考虑士人与君主合作的问题。

根据刘泽华的研究，战国时期的士人"多数是清贫的"。③余英时也有相同的看法：先秦士人这一阶层"到了战国的中晚期已贫穷不堪。……举其最著者，张仪'贫无行'，人尝疑其盗璧（《史记》本传）；范雎'家贫无以自资'（本传），虞卿'蹑蹻檐簦，说赵孝成王'（本传）；冯驩亦'蹑蹻'见孟尝君（《孟尝君传》），《战国策》更说他'贫乏不能自存'，愿寄食孟尝君门下（《齐策》四）。稍后如郦食其'好读书，家贫落魄，无以为衣食业，为里监门吏'（《史记》本传）。郦食其在公元前207年初见沛公时已六十余岁，正是战国末年人。我们不难推想，当时千千万万托庇私门的游士大概都是穷到'无以为衣食业'的人。"④因此战国时期的多数士人不能不优先考虑生计问题。通过入仕改变自身的经济政治地位，摆脱贫贱，获得富贵成为多数士人的必然选择。⑤这正如魏公子牟对穰侯所说的一段话："君知夫官不与势期，而势自至乎？势不与富期，而富自至乎？富不与贵期，而贵自至乎？"⑥那些数量庞大的出身贫贱的士人大多不是为了救天下万民于水

---

① 黄汝成：《日知录集释》，中册，上海古籍出版社2006年版，第749-750页。
② 葛兆光：《中国思想史》，第1卷，复旦大学出版社2001年版，第164页。
③ 刘泽华：《先秦士人与社会》，天津人民出版社2004年版，第58页。
④ 余英时：《士与中国文化》，上海人民出版社2003年版，第49-50页。
⑤ 李斯在告别荀子准备西行入秦时所说的那番话最能代表一般士人的心态，他说："斯闻得时无怠，今万乘方争时，游者主事。今秦王欲吞天下，称帝而治，此布衣驰骛之时而游说者之秋也。处卑贱之位而计不为者，此禽鹿视肉，人面而能强行者耳。故诟莫大于卑贱，而悲莫甚于穷困。久处卑贱之位，困苦之地，非世而恶利，自托于无为，此非士之情也。故斯将西说秦王矣。"（《史记·李斯列传》）
⑥ 向宗鲁：《说苑校证》，中华书局1987年版，第254页。

火的崇高理想而选择入仕，主要是为了自己的家庭生计着想。士人仕途上的成败直接关系到他们在家庭中的地位。据《战国策·秦策一》记载：当苏秦出游数年，一无所获回到家中时，"妻不下纴，嫂不为炊，父母不与言。苏秦喟叹曰：'妻不以我为夫，嫂不以我为叔，父母不以我为子，是皆秦之罪也。'乃夜发书，陈箧数十，得《太公阴符》之谋，伏而诵之，简练以为揣摩。读书欲睡，引锥自刺其股，血流至足。曰：'安有说人主不能出其金玉锦绣，取卿相之尊者乎？'"苏秦学成之后很快得势，在去楚国的途中路过家乡时，"父母闻之，清宫除道，张乐设饮，郊迎三十里。妻侧目而视，倾耳而听；嫂蛇行匍伏，四拜自跪而谢。苏秦曰：'嫂何前倨而后卑也？'嫂曰：'以季子之位尊而多金。'苏秦曰：'嗟乎！贫穷则父母不子，富贵则亲戚畏惧。人生世上，势位富贵，盖可忽乎哉！'"苏秦的个人遭遇说明了仕途上的成败对下层士人在家庭中地位的影响之大。家庭生计问题缠绕着每一个士人。对于多数士人而言，入仕成功，功名富贵随之而来，家庭生计问题就会得到很好的解决，他们在家庭中就有了显赫的地位；入仕失败，带来的是穷困潦倒，家庭生计问题就难以得到解决，他们在家庭中就没有地位。中国古代那些出身社会下层的士人身上背负了太多的来自家庭内部成员的期待。入仕问题不仅关系士人个人的前途命运而且关系其家庭的兴衰。正是认识到了这一点，荀子才一改孔孟讳言功利的做法，肯定士人和普通人一样都是把个人利益作为行动的出发点。不过，荀子强调谋取利益的手段要正当。

　　仕途直接关系着士人的荣华富贵和家庭生计。当时的国君对此心知肚明，他们以功名利禄作为诱饵，自然会使入仕之路挤满了求职者。国君根本不用担心无人可用。在入仕的问题上，真正被动的是士人。孔孟自身不辞劳苦、周游列国、游说君主的经历就是很好的证明。在通常的情况下是国君择士而用，而不是士人择君而事。春秋战国时期的一些君主即便会做出一些礼贤下士的姿态，那也是为了招揽人才为己所用。秦孝公的诏令说得很明白："宾客群臣有能出奇计强秦者，吾且尊官，与之分土。"（《史记·秦本纪》）这是典型的实用主义论调。作为先秦儒家最后一位大师，荀子力图扭转儒家在政治上的被动局面，要使儒家学说为更多统治者采用。为此目的，荀子必须使儒家的主张变得务实可行。荀子提出不管君主是何种类型，士人均可与之合作，只不过要采用不同的策略。这大大降低了儒家对入仕政治前提的要求。这相对于孔孟的入仕思想固然是一种倒退，意味着对现实的妥协让步，但却减少了儒家入仕的思想障碍，扩大了儒家入仕的政治空间，摆脱了理想主义入仕观带来的困境。[①]

荀子在处理君臣关系时主张士人要更多地考虑到君主的感受，要根据君主类型的不同做出策略上的调整，要运用一定的政治技巧。这与当时士人的生存现状有着密不可分的联系。春秋以来世卿世禄制度走向瓦解，当官主要不再依靠血缘纽带和家庭出身。"在战国开始，一种新型的国家出现了。在这个国家里面，国君掌握专制权力，大臣可以自由任免；同时，这种官僚制度选任和提拔有才干者，淘汰不合格者。"[②]君主专制下的官僚制度的特点是：掌握无限大权的国君本着自己的用人标准面向各个阶层选拔官员，官位不世袭，官员随时可以被国君撤换。各级官员的生死荣辱和政治命运牢牢地掌握在专制君主手中。刘泽华指出在中国古代，士人很难作为一个独立的社会阶层而存在。"士除了当官以外，很难有其他出路。"[③]士人的这种特殊之处导致他们严重缺乏独立性，往往必须依附于某一政治力量才有出路。在君主专制制度下，士人就只能依附在专制政体上。君臣之间是支配与被支配、雇佣与被雇佣的关系，君臣之间的对等关系是不存在的。在战国我们固然可以看到士人荣登卿相之位的事例，但同样能看到他们在仕途上的大起大落都掌握在君主手中。吴起、商鞅等人得到君主信任时可以平步青云，失去君主支持时连自己的性命都保不住。因此士人要想取得仕途的升迁、实现自己的政治抱负，往往会竭尽全力去争取君主的欢心与信任。专制君主像桀纣那样的暴君固然不多，但像尧舜那样的圣君也是千世一遇。忠心为君也要讲究方法策略，因为"至忠逆于耳、倒于心，非贤主其熟能听之？故贤主之所说，不肖主之所诛也。"[④]在这种情况下，孔孟提倡的君臣对等、犯颜直谏、直道而行的为臣之道是很难行得通的。荀子对君主专制制度下政治的残酷性和复

---

① 荀子对先秦儒家入仕观的改造也带来了一些新的问题。他主张士人可以在暴君手下做官，其设定的目标是为了改造暴君。但是，士人很可能在服事暴君的过程中经不住威逼利诱而丧失道德立场或者因触犯暴君而遭遇险境。荀子提供的与暴君相处的策略很难为常人所掌握。荀子一方面谴责像桀纣那样的暴君，另一方面又在现实层面上提出士人可以服事暴君，这就造成了理论上的自相矛盾。
② 许倬云：《中国古代社会史论》，邹水杰译，广西师范大学出版社2006年版，第127页。
③ 刘泽华：《中国政治思想史集》，第3卷，人民出版社2008年版，第429页。
④ 陈奇猷：《吕氏春秋校释》，学林出版社1984年版，第577页。

杂性是有清醒认识的，他充分估计到了士人在专制君主手下从政的艰辛和不易。因此荀子在处理君臣关系时优先考虑君主的感受，主张为臣的一方要掌握一些取悦君主的权术，即便是出于忠心在进谏时也要顾及君主的颜面，要学会用婉转柔和的方式说服君主。荀子之所以放弃对君臣关系对等性的追求就在于他认识到了在专制政体中君臣地位的悬殊。在荀子看来，为了适应现实，士人可以放弃一些理想主义的追求，必须学会"时诎则诎、时伸则伸"。（《荀子·仲尼》）荀子还从专制君主爱好猜疑的心理出发提出了防范臣下的权术。因此，我们有理由说荀子的君臣关系思想走向现实主义是与君主专制制度下士人生存处境的艰难分不开的。荀子的君臣关系思想确实存在迎合专制君主的成分，但这是不得已而为之。我们在批判荀子君臣关系思想的同时更应该以一种同情的眼光看待荀子的思想转变。

可以想见，如果固守孔孟理想主义的君臣观，那么后世儒家将很难有入仕的机会，更不可能取得君主专制制度下意识形态领域中的独尊地位。荀子选择了改变士人自身以适应现实的道路。荀子君臣关系思想中的现实主义取向一方面导致了儒家理想主义的部分缺失，在一定程度上牺牲了士人的人格独立与尊严；另一方面拉近了儒家的入仕理想与现实的距离，推动了儒家适应君主专制政体的进程，为日后儒家被定为官方学说创造了有利条件。

第四章
从先秦儒家思想的传承看荀子的君民关系思想

先秦儒家均生活在君主制下，并且热心于救世济民，因此君民关系自然成为他们关心的重点。在君主制下，君主是统治者的代表，君民关系实际上就是统治者与被统治者的关系。孔子孟子一方面认为君主应该秉持爱民之心，在富民的基础上对人民进行教化，另一方面认为民意是君主统治的基础，孟子还明确赞成汤武革命。学界普遍认为孔孟的君民关系思想属于民本主义的范畴。尽管荀子在各个方面继承并发展了孔孟的君民关系思想，但学界却对荀子的君民关系思想做出了两种不同的判断，一种观点认为荀子的思想属于民本主义，另一种观点则认为荀子的思想属于君本主义。[①] 本书则认为民本和君本这两种思想并存于荀子的理论体系中。

第一节 孔孟的君民关系思想

一、君主应善待人民

学界一般认为孔子的学说是围绕着仁这个核心理念展开的。从《论语》一书中可以看出孔子对仁下了很多定义，但"爱人"当是仁的本质属性。《论

[①] 学界在荀子君民关系思想研究中出现了两种不同的观点。一些学者认为荀子是民本主义者，继承了孔孟以来儒家重民、爱民的传统。代表人物有金耀基、廖名春、徐儒宗等人。具体研究成果见：金耀基：《中国民本思想史》，法律出版社2008年版，第78-97页；廖名春：《论荀子的君民关系说》，载《中国文化研究》1997年夏之卷；徐儒宗：《人和论——儒家人伦思想研究》，人民出版社2006年版，第356-373页。而另外一些学者则认为荀子背离了孔孟以来儒家的民本主义传统，走向了君本主义，代表人物有游唤民、王保国、陈雍等人。具体研究成果见：游唤民：《先秦民本思想》，湖南师范大学出版社1991年版，第139-168页；王保国：《评荀子的君本论和君民"舟水"关系说》，载《史学月刊》2004年第11期；王保国：《两周民本思想研究》，学苑出版社2004年版，第267-289页；陈雍：《"君本"抑或"民本"——荀子君民关系思想探源》，载《学习与实践》2007年第11期。

语·颜渊》载："樊迟问仁。子曰：'爱人。'"孔子所说的爱人并没有规定什么人该爱，什么人不该爱，而是指爱一切人。《论语·乡党》载："厩焚。子退朝，曰：'伤人乎？'不问马。"孔子闻知马厩着火后，他首先关心的是伤着了人没有，并不问牲畜损失的情况。在孔子所处的时代，在马厩中工作的人一般来说都是来自社会下层的民众。由此可见孔子所说的爱人是没有范围限制的，要求所有人的都怀揣一颗爱人之心。自然可以推出这样的结论：孔子主张国君爱护人民。孔子说："道千乘之国，敬事而信，节用而爱人，使民以时。"（《论语·学而》）这段话明确表达了孔子的爱民思想。

孔子认为君主在治理国家时应当采取先富后教的方针。《论语·子路》载："子适卫，冉有仆。子曰：'庶矣哉！'冉有曰：'既庶矣，又何加焉？'曰：'富之。'曰：'既富矣，又何加焉？'曰：'教之。'"孔子清醒地认识到只有在解决好了人民的物质生活问题后才能谈得上推行礼乐教化，提高人民的道德水平。因此孔子主张统治者要给人民以实惠。统治者向人民征收赋税的多少直接影响着人民的基本生活能否得到保障。因此孔子反对统治者加重人民的负担。《论语·先进》篇载："季氏富于周公，而求也为之聚敛而附益之。子曰：'非吾徒也。小子鸣鼓而攻之，可也。'"当看到自己的学生冉求帮助季氏大肆搜刮民财时，孔子马上发出声明不再承认冉求是自己的学生并号召其他学生大张旗鼓地去反对冉求。孔子主张轻徭薄赋的思想亦见于《左传》哀公十一年的记载中：

季孙欲以田赋，使冉有访诸仲尼。仲尼曰："丘不识也。"三发，卒曰："子为国老，待子而行，若之何子之不言也？"仲尼不对，而私于冉有曰："君子之行也，度于礼，施取其厚，事举其中，敛从其薄，如是则以丘亦足矣。若不度于礼，而贪冒无厌，则虽以田赋，将又不足。且子季孙若欲行而法，则周公之典在。若欲苟而行，又何访焉？"弗听。[①]

季孙实行田赋的目的是为了加重人民的负担，以满足自己的贪欲，因此孔子对他的做法持反对意见。孔子的这一思想深深地影响了他的一些学生。《论语·颜渊》载："哀公问于有若曰：'年饥，用不足，如之何？'有若对曰：'盍彻乎？'曰：'二，吾犹不足，如之何其彻也？'对曰：'百姓足，君孰与不足？

---

① 李梦生：《左传译注》，下册，上海古籍出版社2004年版，第1334页。

百姓不足，君孰与足？'"有若认为百姓富足君主就会富足，百姓不富足君
主就谈不上富足。有若的这种思想与其师孔子的教育是分不开的。

孔子认为国君在治理民众时要重视道德教化的作用。他说："道之以政，
齐之以刑，民免而无耻；道之以德，齐之以礼，有耻且格。"（《论语·为政》）
朱熹对此文的注释是："愚谓政者，为治之具。刑者，辅治之法。德礼，则
所以出治之本，而德又礼之本也。此其相为始终，虽不可以偏废，然政刑能
使民远罪而已；德礼之效，则有以使民日迁善而不自知。故治民者，不可徒
恃其末，又当深探其本也。"①朱熹的注释深得孔子之意。孔子认为单靠刑
法政令只能使民众免于犯罪，但人民却无羞耻心。只有提倡道德，推行礼乐
教化才能使人民既有羞耻心又能日迁于善。孔子虽然重视教化但并不主张放
弃刑罚，他认为对人民先进行教化然后再考虑使用强制手段。《论语·子路》哉：
"子路曰：'卫君待子而为政，子将奚先？'子曰：'必也正名乎！'子路曰：
'有是哉，子之迂也！奚其正？'子曰：'野哉，由也！君子于其所不知，
盖阙如也。名不正，则言不顺；言不顺，则事不成；事不成，则礼乐不兴；
礼乐不兴，则刑罚不中；刑罚不中，则民无所错手足。故君子名之必可言也，
言之必可行也。君子于其言，无所苟而已矣。'"这说明孔子在推崇礼乐教
化的同时并没有否定刑罚的作用。因为任何社会都有少数顽固不化的人拒绝
按照道德规范办事。对他们只能采取强制措施。

孔子认为统治者要允许人民发表意见。②这可从《左传》襄公三十一年的
有关记载中看出：

郑人游于乡校，以论执政，然明谓子产曰："毁乡校，何如？"子产曰：
"何为？夫人朝夕退而游焉，以议执政之善否。其所善者，吾则行之。其所
恶者，吾则改之。是吾师也，若之何毁之？我闻忠善以损怨，不闻作威以防
怨。岂不遽止，然犹防川，大决所犯，伤人必多，吾不克救也。不如小决使道，
不如吾闻而药之也。"然明曰："蔑也今而后知吾子之信可事也。小人实不才。
若果行此，其郑国实赖之，岂唯二三臣？"仲尼闻是语也，曰："以是观之，

---

① 朱熹集注：《四书》，上海古籍出版社 1995 年版，第 69 页。
② 《论语·季氏》载："孔子曰：'天下有道，则礼乐征伐自天子出；天下无道，则礼乐征伐自诸侯出。自诸侯出，
盖十世希不失矣；自大夫出，五世希不失矣；陪臣执国命，三世希不失矣。天下有道，则政不在大夫。天下有道，则庶
人不议。'"孔子认为在政治清明的情况下，庶人不会议论政治。自然可以推出孔子主张在政治昏暗的情况下人民有权
议论政治。

人谓子产不仁，吾不信也。"①

对于子产不毁乡校，允许人民议论政治的举动，孔子是大加赞扬的。孔子一生很少以仁许人，而对子产却是例外。

如果说孔子只是主张君主要爱护人民的话，那么孟子则为君主爱民找到了先天的心理依据，也即人天生皆有的不忍人之心。孟子说："人皆有不忍人之心。先王有不忍人之心，斯有不忍人之政矣。以不忍人之心，行不忍人之政，治天下可运之掌上。所以谓人皆有不忍人之心者，今人乍见孺子将入于井，皆有怵惕恻隐之心——非所以内交于孺子之父母也，非所以要誉于乡党朋友也，非恶其声而然也。由是观之，无恻隐之心，非人也；无羞恶之心，非人也；无辞让之心，非人也；无是非之心，非人也。恻隐之心，仁之端也；羞恶之心，义之端也；辞让之心，礼之端也；是非之心，智之端也。人之有是四端也，犹其有四体也。有是四端而自谓不能者，自贼者也；谓其君不能者，贼其君者也。凡有四端于我者，知皆扩而充之矣，若火之始然，泉之始达。苟能充之，足以保四海；苟不充之，不足以事父母。"（《孟子·公孙丑上》）孟子提出并用具体的事例证明了人皆有不忍人之心。这个不忍人之心也即爱人之心。他认为先王之所以能治理好人民就在于他们发扬了内在的爱心。《孟子·梁惠王上》载："梁惠王曰：'寡人愿安承教。'孟子对曰：'杀人以梃与刃，有以异乎？'曰：'无以异也。''以刃与政，有以异乎？'曰：'无以异也。'曰：'庖有肥肉，厩有肥马，民有饥色，野有饿莩，此率兽而食人也。兽相食，且人恶之；为民父母，行政，不免于率兽而食人，恶在其为民父母也？仲尼曰："始作俑者，其无后乎！"为其象人而用之也。如之何其使斯民饥而死也？'"可见，孟子主张君主应当像父母关心自己的孩子那样爱护自己的人民，关心人民的疾苦。

孟子同样认为君主在治理国家时要遵循先富后教的方针。当齐宣王向他请教施政方针时，孟子的回答是："若民，则无恒产，因无恒心。苟无恒心，放辟邪侈，无不为已。及陷于罪，然后从而刑之，是罔民也。焉有仁人在位罔民而可为也？是故明君制民之产，必使仰足以事父母，俯足以畜妻子，乐岁终身饱，凶年免于死亡；然后驱而之善，故民之从之也轻。今也制民之产，

---

① 李梦生：《左传译注》，下册，上海古籍出版社 2004 年版，第 895—896 页。

仰不足以事父母，俯不足以畜妻子；乐岁终身苦，凶年不免于死亡。此惟救死而恐不赡，奚暇治礼义哉？王欲行之，则盍反其本矣：五亩之宅，树之以桑，五十者可以衣帛矣。鸡豚狗彘之畜，无失其时，七十者可以食肉矣。百亩之田，勿夺其时，八口之家可以无饥矣。谨庠序之教，申之以孝悌之义，颁白者不负戴于道路矣。老者衣帛食肉，黎民不饥不寒，然而不王者，未之有也。"（《孟子·梁惠王上》）孟子认为人民的特征是没有固定的财产和收入就没有一定的道德观念。人民没有一定的道德观念就可能胡作非为，走上违法犯罪的道路。孟子认为明君是不愿意看到自己的人民走上这样的道路。明君应该采取措施让人民有稳定的生活来源，保证他们衣食无忧。在孟子看来井田制是解决人民生活保障问题的最好方法。在井田制下每家每户都有百亩之田、五亩之宅来解决衣食的来源问题。孟子指出如果连人民的基本生活保障问题都解决不了就谈不上礼乐教化了。

和孔子一样，孟子主张统治者对人民要采取轻徭薄赋的政策，他说："易其田畴，薄其税敛，民可使富也。"（《孟子·尽心上》）又说："有布缕之征，粟米之征，力役之征。君子用其一，缓其二。用其二而民有殍，用其三而父子离。"（《孟子·尽心下》）孟子认为采取合理的税收政策是统治者赢得民心的重要凭借，他说："尊贤使能，俊杰在位，则天下之士皆悦，而愿立于其朝矣；市，廛而不征，法而不廛，则天下之商皆悦，而愿藏于其市矣；关，讥而不征，则天下之旅皆悦，而愿出于其路矣；耕者，助而不税，则天下之农皆悦，而愿耕于其野矣；廛，无夫里之布，则天下之民皆悦，而愿为之氓矣。信能行此五者，则邻国之民仰之若父母矣。率其子弟，攻其父母，自有生民以来未有能济者也。如此，则无敌于天下。无敌于天下者，天吏也。然而不王者，未之有也。"（《孟子·公孙丑上》）在孟子提出的称王天下的五项举措中就有四项是有关免税、减税的内容。

孟子认为教化是君主治理民众的最佳手段，他说："仁言不如仁声之入人深也，善政不如善教之得民也。善政，民畏之；善教，民爱之。善政得民财，善教得民心。"（《孟子·尽心上》）朱熹对"政""教"二字的注解是："政，谓法度禁令，所以制其外也。教，谓道德齐礼，所以格其心也。"[1]在孟子看来，

---

[1]　朱熹集注：《四书》，上海古籍出版社1995年版，第407页。

如果君主利用刑法政令治理人民结果只能使人民对统治者产生畏惧心理，如果君主采用礼乐教化引导人民则能获得人民的衷心爱戴。孟子也认识到："徒善不足以为政，徒法不能以自行。"（《孟子·离娄上》）重视教化的同时不能丢掉法律，必须把教化和法制结合起来，礼法兼用才能收到最佳的效果。

孟子主张君主要注意倾听民意：

孟子见齐宣王，曰："所谓故国者，非谓有乔木之谓也，有世臣之谓也。王无亲臣矣，昔者所进，今日不知其亡也。"王曰："吾何以识其不才而舍之？"曰："国君进贤，如不得已，将使卑逾尊，疏逾戚，可不慎与？左右皆曰贤，未可也；诸大夫皆曰贤，未可也；国人皆曰贤，然后察之；见贤焉，然后用之。左右皆曰不可，勿听；诸大夫皆曰不可，勿听；国人皆曰不可，然后察之；见不可焉，然后去之。左右皆曰可杀，勿听；诸大夫皆曰可杀，勿听；国人皆曰可杀，然后察之；见可杀焉，然后杀之。故曰，国人杀之也。如此，然后可以为民父母。"（《孟子·梁惠王下》）

从中可以看出，孟子主张君主在选拔人才、处罚罪人时应该多听取民众的意见然后再做出决策。

二、民意是君主统治的正当性基础

孟子较之孔子更为明确地表达了先秦儒家在君民关系上的另一立场：君主统治的稳固与否取决于民心的向背。君主赢得民心才能维系好自己的统治，丧失民心统治就将无法维系。

谈及孟子的君民关系论就不能不提到他的民贵君轻思想。他说："民为贵，社稷次之，君为轻。是故得乎丘民而为天子，得乎天子为诸侯，得乎诸侯为大夫。诸侯危社稷，则变置。牺牲既成，粢盛既絜，祭祀以时，然而旱乾水溢，则变置社稷。"（《孟子·尽心下》）孟子认为民众重于社稷，社稷又重于君主。他认为社稷和君主皆为民众而设，因此当社稷不能保佑人民有好的收成时人民可以撤换社稷，当君主不能尽到职责把国家治理好时，国君可以被撤换。正是因为孟子抱着这样的理念他才认为国家不是君主的个人物品可以随意处置，君主的政治决策应以民意为根据：

万章曰："尧以天下与舜，有诸？"孟子曰："否；天子不能以天下与人。""然则舜有天下也，孰与之？"曰："天与之。""天与之者，谆谆然命之乎？"曰："否；天不言，以行与事示之而已矣。"曰："以行与事示之者，如之何？"曰："天子能荐人于天，不能使天与之天下；诸侯能荐人于天子，不能使天子与之诸侯；大夫能荐人于诸侯，不能使诸侯与之大夫。昔者，尧荐舜于天，而天受之；暴之于民，而民受之；故曰，天不言，以行与事示之而已矣。"曰："敢问荐之于天，而天受之，暴之于民，而民受之，如何？"曰："使之主祭，而百神享之，是天受之；使之主事，而事治，百姓安之，是民受之也。天与之，人与之，故曰，天子不能以天下与人。舜相尧二十有八载，非人之所能为也，天也。尧崩，三年之丧毕，舜避尧之子于南河之南，天下诸侯朝觐者，不之尧之子而之舜；讼狱者，不之尧之子而之舜；讴歌者，不讴歌尧之子而讴歌舜，故曰，天也。夫然后之中国，践天子位焉。而居尧之宫，逼尧之子，是篡也，非天与也。《太誓》曰：'天视自我民视，天听自我民听，'此之谓也。"（《孟子·万章上》）

孟子认为尧作为天下的君主是不能像赠送私人物品那样把天下交给舜。他认为尧只是向天推荐了舜。舜能当上君主是经过了天的同意。天同意的表现有两个方面的内容：一是百神接受了舜的祭祀；二是人民接受了舜的治理。很明显前一项内容是虚的，后一项内容是实的。很难用一个明确的标准来判断百神是否接受了舜的祭祀，但民心所向则是人人都能感受到的。孟子实际上是说舜获得君位是建立在顺应民意的基础上。孟子引用"天视自我民视，天听自我民听"这句话直接说明了天意即民意。

孟子总结三代历史的兴亡得出的结论是："三代之得天下也以仁，其失天下也以不仁。国之所以废兴存亡者亦然。天子不仁，不保四海；诸侯不仁，不保社稷；卿大夫不仁，不保宗庙；士庶人不仁，不保四体。今恶死亡而乐不仁，是由恶醉而强酒。"（《孟子·离娄上》）又说："桀纣之失天下也，失其民也；失其民者，失其心也。得天下有道：得其民，斯得天下矣；得其民有道：得其心，斯得民矣；得其心有道：所欲与之聚之，所恶勿施，尔也。"（《孟子·离娄上》）孟子认为三代开国国君之所以得天下是因为得到了人民的支持，三代末代国君之所以失天下是因为失去了人民的支持。得民心者得天下，失民心者失天下的道理自然呈现了出来。孟子认为君主要想获得民心就应该做到给予人民想要的东西而不要强加给人民厌恶的东西。

孟子认为如果统治者没有尽到对人民的职责，人民就没有必要对统治者尽义务：

> 邹与鲁閧。穆公问曰："吾有司死者三十三人，而民莫之死也。诛之，则不可胜诛；不诛，则疾视其长上之死而不救，如之何则可也？"孟子对曰："凶年饥岁，君之民老弱转乎沟壑，壮者散而之四方者，几千人矣；而君之仓廪实，府库充，有司莫以告，是上慢而残下也。曾子曰：'戒之戒之！出乎尔者，反乎尔者也。'夫民今而后得反之也。君无尤焉！君行仁政，斯民亲其上，死其长矣。"（《孟子·梁惠王下》）

从中不难看出孟子认为统治者和人民之间的关系是双向的，人民没有绝对服从统治者的义务。统治者以什么样的态度对待人民，人民就会用相应的态度对待统治者。统治者爱民如子，关心人民的疾苦，人民就会拥戴统治者，愿意为国效劳；统治者慢待人民，对人民漠不关心，人民就会和统治者离心离德。

孟子认为可以通过改朝换代的革命，打倒那些践踏仁义、祸国殃民的暴君：

> 齐宣王问曰："汤放桀，武王伐纣，有诸？"孟子对曰："于传有之。"曰："臣弑其君，可乎？"曰："贼仁者谓之'贼'，贼义者谓之'残'。残贼之人谓之'一夫'。闻诛一夫纣矣，未闻弑君也。"（《孟子·梁惠王下》）

孟子认为祸害仁义的桀纣虽然有君主之名但在实际上已经丧失了做君主的资格，因此武王伐纣算不上弑君，只是惩处了一个独夫民贼。

学界普遍认为孔子孟子在君民关系上是秉持民本主义的立场，其中以孟子的民本主义思想最为典型。不管学界在民本的具体定义上有多少分歧，但民本的核心内容少不了以下两点：一、君主应该爱护人民，重视民生问题和教化问题；二、民意是君主统治的正当性基础，设立君主的目的是为了服务民众。①

---

① 张分田、张鸿对民本的内涵和外延做了专门的研究，他们认为民本的核心理念是"以民为本"，基本思路是"立君为民"，"民为国本"、"政在养民"。详见：张分田、张鸿：《中国古代"民本思想"内涵与外延刍议》，载《西北大学学报》（哲学社会科学版）2005年第1期。

第二节 荀子的君民关系思想

一、荀子对孔孟君民关系思想的继承和发展

总的来说，荀子继承了孔孟的君民关系思想并在此基础上做了某些发展。荀子一方面主张君主应该爱护人民，采取富民政策并对人民进行教化，另一方面明确提出了立君为民的观点，并为汤武革命进行辩护。

在《荀子》一书中关于君主应当爱民利民的论述不胜枚举：

上莫不致爱其下而制之以礼，上之于下，如保赤子。政令制度，所以接下之人百姓，有不理者如豪末，则虽孤独鳏寡必不加焉。故下之亲上欢如父母，可杀而不可使不顺。（《荀子·王霸》）

君人者欲安则莫若平政爱民矣，欲荣则莫若隆礼敬士矣，欲立功名则莫若尚贤使能矣，是君人者之大节也。（《荀子·王制》）

有社稷者而不能爱民，不能利民，而求民之亲爱己，不可得也。民不亲不爱，而求其为己用，为己死，不可得也。民不为己用，不为己死，而求兵之劲，城之固，不可得也。兵不劲，城不固，而求敌之不至，不可得也。故至而求无危削，不灭亡，不可得也。（《荀子·君道》）

在荀子看来君主只有做到了爱民如子，人民才会视君主如父母，愿意尽心竭力地效忠君主。如果君主不爱自己的人民，就不能指望人民会亲近君主，更不要指望人民为君主出生入死。荀子指出君主不爱民的后果十分严重，可以导致君主国破家亡。

孔子孟子主张统治者对人民采取先富后教的方针，荀子也是如此。荀子说："不富无以养民情，不教无以理民性。故家五亩宅，百亩田，务其业而勿夺其时，所以富之也。立大学，设庠序，修六礼，明十教，所以道之也。《诗》曰：'饮之食之，教之诲之。'王事具矣。"（《荀子·大略》）荀子认为只有先解决好了人民的物质生活问题才能谈得上对人民进行礼乐教化。荀子所说的"家五亩宅，百亩田"等同于孟子提倡的井田制。

荀子提出了"下贫则上贫，下富则上富"（《荀子·富国》）的观点，

他认为人民贫困统治者就会陷入贫困，人民富裕统治者才能富裕起来。荀子认为国家富足的基础在于人民的富足，他说："足国之道，节用裕民而善臧其馀。节用以礼，裕民以政。彼裕民，故多馀。裕民则民富，民富则田肥以易，田肥以易则出实百倍。上以法取焉，而下以礼节用之，馀若丘山，不时焚烧，无所臧之，夫君子奚患乎无馀？故知节用裕民，则必有仁义圣良之名，而且有富厚丘山之积矣。此无它故焉，生于节用裕民也。不知节用裕民则民贫，民贫则田瘠以秽，田瘠以秽则出实不半，上虽好取侵夺，犹将寡获也"。(《荀子·富国》) 荀子认为统治者应该节省开支，让人民富裕起来。人民富裕起来后就能加大在生产上的投入，获得更多的产出。这样国家就能征收到更多的赋税。相反，如果人民陷入贫苦之中就会减少生产上的投入，从而降低产出。这时，统治者就是想征收更多的赋税也办不到了。[①]

荀子认为国君应当做到"轻田野之税，平关市之征，省商贾之数，罕兴力役，无夺农时"。(《荀子·富国》) 其实就是主张统治者要对人民采取轻徭薄赋的政策。荀子揭露了当时统治者对人民的横征暴敛："今之世而不然：厚刀布之敛以夺之财，重田野之税以夺之食，苛关市之征以难其事。"(《荀子·富国》) 荀子认为统治者加重人民负担的后果十分严重，他说："王者富民，霸者富士，仅存之国富大夫，亡国富筐箧，实府库。筐箧已富，府库已实，而百姓贫，夫是之谓上溢而下漏，入不可以守，出不可以战，则倾覆灭亡可立而待也。故我聚之以亡，敌得之以强。聚敛者，召寇、肥敌、亡国、危身之道也，故明君不蹈也。"(《荀子·王制》) 在荀子看来，统治者的横征暴敛只会导致丧失民心。民心一旦丧失，人民就不再愿意保卫国家。这样一来外敌就很容易打进来，统治者搜刮的财富自然就会落入敌人之手，等于是为人作嫁。

荀子继承了先秦儒家德主刑辅的治民理念，他认为只有将教化和刑罚结合起来才能把国家治理好："不教而诛，则刑繁而邪不胜；教而不诛，则奸民不惩；诛而不赏，则勤属之民不劝；诛赏而不类，则下疑俗险而百姓不一。故先王明礼义以壹之，致忠信以爱之，尚贤使能以次之，爵服庆赏以申重之，

<hr>

[①] 荀子还有类似的观点："故田野县鄙者，财之本也；垣窌仓廪者，财之末也；百姓时和、事业得叙者，货之源也；等赋府库者，货之流也。故明主必谨养其和，节其流，开其源，而时斟酌焉，潢然使天下必有馀而上不忧不足。如是则上下俱富，交无所藏之，是知国计之极也。故禹十年水，汤七年旱，而天下无菜色者，十年之后，年谷复孰而陈积有馀。是无它故焉，知本末源流之谓也。"(《荀子·富国》)

时其事、轻其任以调齐之，潢然兼覆之，养长之，如保赤子。若是，故奸邪不作，盗贼不起，而化善者劝勉矣。"（《荀子·富国》）又说："古者圣人以人之性恶，以为偏险而不正，悖乱而不治，故为之立君上之埶以临之，明礼义以化之，起法正以治之，重刑罚以禁之，使天下皆出于治，合于善也。"（《荀子·性恶》）荀子认为如果统治者不推行教化只依靠刑罚进行治理，无论制定再多的法律也无法阻止人们走上邪路；如果统治者只依靠教化不利用刑罚进行惩治，就会使奸邪之人成为漏网之鱼。统治者只有礼法兼施才能收到惩恶扬善的效果，把国家治理好。

荀子在先秦儒家中比较重视刑罚的作用，因为他深信即便是像尧舜那样的圣君也不能使所有的人通过教化走上正道。《荀子·正论》载："世俗之为说者曰：'尧、舜不能教化。是何也？曰：朱、象不化。'是不然也。尧、舜，至天下之善教化者也，南面而听天下，生民之属莫不振动从服以化顺之；然而朱、象独不化，是非尧、舜之过，朱、象之罪。尧、舜者，天下之英也；朱、象者，天下之嵬，一时之琐也。今世俗之为说者不怪朱、象而非尧、舜，岂不过甚矣哉！夫是之谓嵬说。羿、逢门者，天下之善射者也，不能以拨弓、曲矢中；王梁、造父者，天下之善驭者也，不能以辟马，毁舆致远；尧、舜者，天下之善教化者也，不能使嵬琐化。何世而无嵬，何时而无琐，自太皞、燧人莫不有也。"正是因为存在"何世而无嵬，何时而无琐"的情况，因此荀子坚持："以善至者待之以礼，以不善至者待之以刑。"（《荀子·王制》）任何时代都存在极少数顽固不化的人，道德教化对他们是不起作用的，对他们只能动用强制手段。

荀子在主张君主应该爱民、富民、教民的同时提出了立君为民说和君民舟水说，并为汤武革命的正当性进行辩护。

荀子明确提出了君主的设立是为了服务民众，他说："天之生民，非为君也。天之立君，以为民也。故古者列地建国，非以贵诸侯而已；列官职，差爵禄，非以尊大夫而已"。（《荀子·大略》）金耀基说：荀子此论"上可接孟子'民贵君轻'之义，下可通梨洲'君客民主'之论"。[①] 廖名春说：由此可知"荀子反对民为君说，提倡立君为民。这种思想，不要说在先秦，就是在尔后长

---

① 金耀基：《中国民本思想史》，法律出版社 2008 年版，第 89 页。

达两千多年的封建社会里，也是极为罕见的。"①从先秦儒家的君民关系思想中可以引申出立君为民之意，但只有荀子如此明确地把这个观点提了出来。

在现存的古籍中，君民舟水说最早出现在《荀子》一书中："马骇舆则君子不安舆，庶人骇政则君子不安位。马骇舆则莫若静之，庶人骇政则莫若惠之。选贤良，举笃敬，兴孝弟，收孤寡，补贫穷，如是，则庶人安政矣。庶人安政，然后君子安位。传曰：'君者，舟也；庶人者，水也。水则载舟，水则覆舟。'"（《荀子·王制》）廖名春说：荀子"以水与舟的关系来比喻君民关系，一方面指出民是君主赖以存在的基础，另一方面又承认了民的力量能够推翻君主。这种认识放映了荀子对民的力量的重视，达到了当时的最高水平。"②两千多年来水能载舟亦能覆舟的道理在中国传统社会广为传诵，成为警示历代君主的格言。

针对时人对汤武革命的非议，荀子进行了驳斥：

世俗之为说者曰："桀、纣有天下，汤、武篡而夺之。"是不然。以桀、纣为常有天下之籍则然，亲有天下之籍则不然，天下谓在桀、纣则不然。古者天子千官，诸侯百官。以是千官也，令行于诸夏之国，谓之王；以是百官也，令行于境内，国虽不安，不至于废易遂亡，谓之君。圣王之子也，有天下之后也，埶籍之所在也，天下之宗室也；然而不材不中，内则百姓疾之，外则诸侯叛之，近者境内不一，遥者诸侯不听，令不行于境内，甚者诸侯侵削之，攻伐之，若是，则虽未亡，吾谓之无天下矣。圣王没，有埶籍者罢不足以县天下，天下无君，诸侯有能德明威积，海内之民莫不愿得以为君师，然而暴国独侈，安能诛之，必不伤害无罪之民，诛暴国之君若诛独夫，若是，则可谓能用天下矣。能用天下之谓王。汤、武非取天下也，修其道，行其义，兴天下之同利，除天下之同害，而天下归之也。桀、纣非去天下也，反禹、汤之德，乱礼义之分，禽兽之行，积其凶，全其恶，而天下去之也。天下归之之谓王，天下去之之谓亡。故桀、纣无天下而汤、武不弑君，由此效之也。汤、武者，民之父母也；桀、纣者，民之怨贼也。今世俗之为说者，以桀、纣为君而以汤、武为弑，然则是诛民之父母而师民之怨贼也，不祥莫大焉。（《荀子·正论》）

荀子和孟子一样认为桀纣有君主之名而无君主之实。桀纣的暴虐行径导

---

① 廖名春：《论荀子的君民关系说》，载《中国文化研究》1997年夏之卷。
② 廖名春：《论荀子的君民关系说》，载《中国文化研究》1997年夏之卷。

致了天下的叛离，沦为人民的怨贼。而汤武兴利除害，赢得了民心，人民视之为父母。荀子和孟子均主张君主的统治基础在于人民的拥护，因此汤武的行为不属于弑君而是为民除害的仁义之举。[①] 荀子认为如果国家出现了臣弑君等异常情况其责任在君主自身，他说："臣或弑其君，下或杀其上，粥其城，倍其节，而不死其事者，无它故焉，人主自取之。《诗》曰：'无言不雠，无德不报。'此之谓也。"（《荀子·富国》）这无疑是在告诫君主要善待下属和人民。

通过上述分析可以看出，荀子在君民关系上的主张大多来自孔孟已有的见解。相对于孔孟而言，荀子的一些阐述更加详细全面。

二、论荀子思想中君本和民本的关系

通过上文的分析可知，荀子与孔孟在君民关系上的认识并无二致。如果把孔孟的君民关系思想称之为民本主义，那么完全有理由认为荀子是民本主义者。实际情况却不是如此，一些学者在荀子君民关系思想研究中得出了不同的观点，他们认为荀子放弃了孔孟的民本立场，变成了君本主义者。游唤民、王保国的论述具有代表性。[②]

主张荀子是君本主义者的学者举出的理由总的来说有以下两个方面：第一，荀子主张君主的道德品行决定着人民的道德品行。他们利用的资料大致有以下几条：

君者，民之原也，原清则流清，原浊则流浊。（《荀子·君道》）

上一则下一矣，上二则下二矣。辟之若中木，枝叶必类本。（《荀子·富国》）

主者，民之唱也；上者，下之仪也。彼将听唱而应，视仪而动。唱默则民无应也，仪隐则下无动也。不应不动，则上下无以相有也。若是，则与无

---

① 这里需要指出：无论是孟子还是荀子都认为只有像汤武那样的圣人才有资格发动革命，推翻暴君的统治，建立新的王朝。而普通臣民没有这样的资格，他们只应采取移民等和平手段反抗暴政。

② 游唤民说："荀子是战国后期儒家代表人物，但是在以民为本还是以君为本方面，却与孔孟有很大的不同。"荀子"基本上是一个君本论者"。见：游唤民：《先秦民本思想》，湖南师范大学出版社 1991 年版，第 139 页。王保国说：荀子"构筑了儒学君本主义的基本框架，孔孟儒学的民本主义思想则被削其锋芒，塞入君本主义框架中"。见：王保国：《两周民本思想研究》，学苑出版社 2004 年版，第 267 页。这里需要说明的是他们均认为荀子思想中也有某些民本主义的思想因素，但并不影响荀子思想的君本主义性质。

上同也，不祥莫大焉。故上者，下之本也，上宣明则下治辨矣，上端诚则下愿悫矣，上公正则下易直矣。（《荀子·正论》）

从上面几段资料来看，不难得出这样的结论有什么样的君主就有什么样的人民，君主的道德水准决定着民众的道德水准。游唤民认为这说明了荀子主张"民的一切皆以君为转移"。他认为"荀子把君民关系完全颠倒了。不可否认，君对民有极大的影响，这是无疑的。但从本质上看，应是民影响君，决定君，不是民以君为转移，而是君以民为转移；不是民一切为君，而是君要为民；不是君为民之本，而恰恰相反，应是民为君之本。"①

王保国有相同的结论："在孟子那里，君的行为要以民的意志为转移，然而到了荀子这里却来了个一百八十度的转向：民的一切要以君为转移。"②针对《荀子》一书中"上者，下之本也"和"君者，民之原也"这两句话，王保国说："君为民本，荀子的君本主义思想就是这样明确！民本思想从西周初年萌芽，经历春秋战国的成长，到了战国末年的荀子这里似乎被画上一个休止符。"③

游唤民和王保国的观点值得商榷。因为无论是孔子还是孟子都说过与荀子意思相同的话。在《论语》中可以找到如下记载：

季康子问政于孔子。孔子对曰："政者，正也。子帅以正，孰敢不正？"（《论语·颜渊》）

季康子患盗，问于孔子。孔子对曰："苟子之不欲，虽赏之不窃。"（《论语·颜渊》）

季康子问政于孔子曰："如杀无道，以就有道，何如？"孔子对曰："子为政，焉用杀？子欲善而民善矣。君子之德风，小人之德草。草上之风，必偃。"（《论语·颜渊》）

从这些资料中可以清楚地看出孔子认为统治者的道德风貌决定着被统治者的道德风貌。孔子认为政治治理就是统治者用自己的道德风范影响下层民众，统治者行善人民就会跟着行善，统治者作恶人民就会跟着作恶。孟子亦说："君仁，莫不仁；君义，莫不义；君正，莫不正。"（《孟子·离娄上》）

① 游唤民：《先秦民本思想》，湖南师范大学出版社 1991 年版，第 141-142 页。
② 王保国：《两周民本思想研究》，学苑出版社 2004 年版，第 274 页。
③ 王保国：《两周民本思想研究》，学苑出版社 2004 年版，第 275 页。

君主践行仁义之道就会带动人民践行仁义之道；君主行为端正，人民就会紧随其后。如果套用游唤民、王保国的论证模式，可以得出如下的结论：孔孟也是主张君为民之本。孔孟和荀子都认为民众道德的好坏取决于君主道德水准的高低。这是儒家德治思想的核心内容。他们这么说无疑有夸大君主作用的倾向，但目的是督促君主加强道德修养，善待人民。

第二，荀子推崇礼的作用，认为君主能否得天下取决于君主自身能否做到隆礼尊贤，国家的兴亡系于君主一人之手。游唤民说："如何才能得天下，是历代思想家不断探索的问题。荀子认为君主只要掌握了礼，就可以得天下。"[1] 根据在于荀子说过："人君者隆礼尊贤而王"。（《荀子·强国》）又说过："礼者，治辨之极也，强国之本也，威行之道也，功名之总也。王公由之，所以得天下也；不由，所以陨社稷也。"（《荀子·议兵》）游唤民说：在荀子看来"仁君在位，官吏、百姓自然各守其位，各尽其职，天下就可出现太平盛世。"[2] 因为荀子说过："仁人在上，则农以力尽田，贾以察尽财，百工以巧尽械器，士大夫以上至于公侯，莫不以仁厚知能尽官职，夫是之谓至平。"（《荀子·荣辱》）王保国说："在如何得天下的问题上，孔孟持的意见基本上是'得乎丘民而为天子'，但荀子却说'人君者，隆礼尊贤而王。'民众基本上被撇开，人君只要以礼为武器，以尊贤为手段就可以得天下。在'人君'——'隆礼尊贤'——得天下三者的关系中，人君和他们的政策成了决定性的因素"。[3] 游唤民和王保国的观点就是荀子主张君主个人因素在政治治理上起着决定性的作用而忽略了民众的作用。因而可以判定：荀子主张君民之间的关系是君本民末。

不过，孔子孟子也有和荀子上述思想一样的言论。孔子认为礼在统治者治理国家过程中发挥着十分重要的作用。孔子说："上好礼，则民莫敢不敬；上好义，则民莫敢不服；上好信，则民莫敢不用情。"（《论语·子路》）又说："上好礼，则民易使也。"（《论语·宪问》）可见在孔子看来，统治者重视礼就容易引导民众服从管理。孔子认为圣君在位天下就可以实现无为而治，他说："无为而治者其舜也与？夫何为哉？恭己正南面而已矣。"（《论语·

①　游唤民：《先秦民本思想》，湖南师范大学出版社1991年版，第139页。
②　游唤民：《先秦民本思想》，湖南师范大学出版社1991年版，第140页。
③　王保国：《两周民本思想研究》，学苑出版社2004年版，第272页。

卫灵公》)孟子同样推崇君主的作用,他认为齐宣王能否称王天下就取决于齐宣王自身是否愿意推行仁政。据《孟子·梁惠王上》载:孟子对齐宣王说:"王之不王,不为也,非不能也。"齐宣王问:"不为者与不能者之形何以异?"孟子的回答是:"挟太山以超北海,语人曰:'我不能。'是诚不能也。为长者折枝,语人曰,'我不能。'是不为也,非不能也。故王之不王,非挟太山以超北海之类也;王之不王,是折枝之类也。老吾老,以及人之老;幼吾幼,以及人之幼。天下可运于掌。"在孟子看来,对于齐宣王来说要想称王天下是轻而易举的事情,几乎就在于齐宣王的一念之间。只要齐宣王下定决心推行仁政,天下就唾手可得。在这里孟子也没有谈及民众的作用,强调的只是君主的个人因素。不难推出这样的结论:孟子认为君主在治理国家的过程中起着决定性的关键作用。用孟子自己的话说就是:"一正君而国定矣。"(《孟子·离娄上》)由此可见孔子、孟子都认为君主个人在政治治理中起着决定性的作用。孔孟和荀子在这一点上没有分歧。因此,如果以荀子推崇君主的作用为由将其思想说成是君本主义的话,那么孔孟也应是君本主义者。

　　到此可以看出无论是把荀子(其实也包括孔子孟子)说成是民本主义者还是君本主义者,都能找到各自的根据。其实在荀子的思想体系中,君民关系是多层面的。大致说来当论证君主制的政治正当性、合理性时,荀子主张民重于君,也就是说民是本君是末;当谈及政治治理时,荀子主张君主发挥主导作用,君主的作用要远远重于民众,而民众则成为没有主动权的被管理者,这时君民之间的关系发生了倒置,变成了君是本民是末。

　　古往今来的政治思想家都无法回避的一个基本问题是:要为自己认可的政治制度进行辩护,论证它的政治正当性、合理性。政治思想家必须向占人口多数的被统治者解释为什么要接受其提倡的政治制度。这样做的目的是为了让被统治者认同该政治制度以便该政治制度的顺利运行。包括荀子在内的先秦诸子都生活在君主制下,君主制度成为他们无可回避的政治现实。对热衷于政治的先秦士人来说,在他们构建政治学说时君主制是唯一的选项。他们所能做的工作就是为君主制度寻找其正当性、合理性的依据。在中国古代自然科学不发达的情况下,一些政治思想家运用君权神授的理论来论证君主制度的合理性。一般来说,他们会提出君主是代表上天来统治天下。荀子没有选择君权神授论,因为他是无神论者。在荀子看来,世界上是没有鬼神存在的,自然界有其自身的运行规律,世间的治乱兴衰取决于人为因素。他说:"天行有常,不为尧存,不为桀亡。应之以治则吉,应之以乱则凶。强本而节用,则天不能贫,养备而动时,则天不能病;修道而不贰,则天不能祸。"(《荀子·天论》)因此荀子以十分理性的态度为君主制寻找正当性的根据。他的立君为民说就是为了论证君主制的正当性。君主的存在是为了民众,爱民富民教化人民是君主对民众应尽的职责。在这个理论层面上,民众的分量要重于君主,民是本,君是末。从理论上说,这当然可以为君主制寻找到最广泛的道义支持。因为民众始终占社会的多数。可以说,民本理论是寄托在君主制上的政治理想。

不过,另一个困扰荀子(其实包括所有的先秦诸子)的难题出现了:如何保证让君主的权力运行在为民服务的正道上而不走上危害人民的邪道。在君主专制制度下,君主掌握着可以随意使用的无限权力,而且君主自身又是依靠世袭制度传承。这就很难保证国家的权力始终掌握在有道之君的手中。因此,先秦诸子都必须考虑如何应对滥用权力、祸害人民的君主。荀子为此提出了君民舟水说并为汤武革命的正当性进行辩护。水能载舟、亦能覆舟的道理就是为了警示君主不要滥用权力,不能忘了对人民的职责,否则就会被打倒。荀子赞成汤武革命也是为了向现实中的君主表明君主的地位不是不可动摇的。站在今天的立场上当然可以指出荀子限制君权的努力是不成功的。[①]从战国以来的历史来看,贤君明君寥若星辰,而昏君庸君则屡见不鲜。荀子苦口婆心的提醒对那些一意孤行的君主来说是不起作用的。不过,我们应该考虑到荀子所处的历史背景。荀子在当时的历史条件下已经尽到了一个有良知的政治思想家应尽的义务。我们不能以今天的水准来苛求古人。其实,我们今天仍在探索如何把政治权力限制在合理的范围内。人类社会一方面离不开政治权力,另一方面又总是深受其害。限制政治权力是人类政治文明中的一个永恒话题。历代的政治思想家为此殚精竭虑,提出了无数个设想和建议。正是由于他们的努力,人类的政治文明才不断向前进步。

在谈及政治治理时,荀子推崇君主的作用,而把民众排除在外。这一方

[①] 梁启超说:"我先民极知民意之当尊重,惟民意如何而始能实现,则始终未尝当作一问题以从事研究。故执政若违反民意,除却到恶贯满盈群起革命外,在平时更无相当的制裁之法。此吾国政治思想中之最大缺点也。"见:梁启超:《先秦政治思想史》,天津古籍出版社2003年版,第40-41页。近代以来,不少学者都叹息甚至抱怨中国古人没有设计出有效限制君权的办法。梁启超的观点具有代表性。

面固然是因为现实中的君主本来就掌握着国家的最高权力，另外一方面也是源自荀子对民众的认识。在《荀子》一书中对于民众有多种说法：众人、百姓、庶人等，归结起来民众是指占社会多数的农、工、商阶层。传统社会士农工商的划分已经出现在《荀子》一书中。荀子说："人积耨耕而为农夫，积斵削而为工匠，积反货而为商贾，积礼义而为君子。"（《荀子·儒效》）其中的君子是指士阶层。荀子认为精通礼义的君子是从政的不二人选，其他三类人则是被治理的对象。

荀子在论述士农工商的划分时往往把士与农工商区别开来，形成君子与民众的对立。他说："相高下，视墝肥，序五种，君子不如农人；通财货，相美恶，辩贵贱，君子不如贾人；设规矩，陈绳墨，便备用，君子不如工人；不恤是非然不然之情，以相荐撙，以相耻怍，君子不若惠施、邓析。若夫谲德而定次，量能而授官，使贤不肖皆得其位，能不能皆得其官，万物得其宜，事变得其应，慎、墨不得进其谈，惠施、邓析不敢窜其察，言必当理，事必当务，是然后君子之所长也。"（《荀子·儒效》）在荀子看来君子与农工商各有所长。君子并不是全能，君子种地不如农人，做工不如工人，经商不如商人，但君子的职业和长处就是从事政治管理。从上面的职业分工论述中，我们至多能从中看出荀子是把君子与农工商做了对比，还不能明显看出民众与以从政为职业的君子之间的优劣。不过，在《荀子》一书中可以找到如下内容：

人论：志不免于曲私而冀人之以己为公也，行不免于汙漫而冀人之以己为修也，其愚陋沟瞀而冀人之以己为知也，是众人也。志忍私然后能公，行忍情性然后能修，知而好问然后能才，公修而才，可谓小儒矣。志安公，行安修，知通统类，如是则可谓大儒矣。大儒者，天子三公也。小儒者，诸侯大夫士也。众人者，工农商贾也。（《荀子·儒效》）①

这段话把荀子对民众与从政者的真实看法很好地表达了出来。他很明确地说出众人就是指农人、工人和商人。这三类人构成了占社会多数的民众。

---

① 《儒效》篇中还有类似的一段话："以从俗为善，以货财为宝，以养生为己至道，是民德也。行法至坚，不以私欲乱所闻，如是，则可谓劲士矣。行法至坚，好修正其所闻以桥饰其情性，其言多当矣而未谕也，其行多当矣而未安也，其知虑多当矣而未周密也，上则能大其所隆，下则能开道不己若者，如是，则可谓笃厚君子矣。修百王之法若辨白黑，应当时之变若数一二，行礼要节而安之若生四枝，要时立功之巧若诏四时，平正和民之善，亿万之众而博若一人，如是，则可谓圣人矣。"

在荀子看来，从道德上讲民众的特征是思想上不能免于偏私却希望别人说自己公正，行为上不能免于污秽肮脏却希望别人说自己品行美好；从学识上讲民众的特征是浅薄、愚昧无知却希望别人说自己聪明智慧。简而言之，民众既无德又无知。荀子说："小人也者，疾为诞而欲人之信己也，疾为诈而欲人之亲己也，禽兽之行而欲人之善己也。"（《荀子·荣辱》）无德无知的民众基本上具备荀子所描述的小人的特征。从事政治治理的大儒小儒尽管在道德和学识上有高下之分，但都要比民众有道德有学识。小儒能够在思想上克服自己的私心，坚持公正的立场，行动上战胜情欲的干扰，表现出良好的品行，自身聪明又好问，简而言之是德才兼备的贤人。大儒已经无须经过自我克制就能在思想上安于公正，行动上无须克服情欲的干扰就能自然表现出良好的品行。大儒已经达到对万事万物融会贯通的境界。在荀子看来诸侯大夫士应由小儒担任，天子三公应由大儒担任。荀子对君子的职业定位就是从政。那么大儒小儒都属于君子行列。因此在荀子思想中君子与小人的对立可以转化为从政者与民众的对立。通过从政者与民众的对比，民众道德低下、愚昧无知的形象更加突出地表现了出来。①

在荀子看来社会职业的不同意味着道德学识的高下。从政者的道德素质、学识积累是从事其他社会职业的人所不能相比的。民众既无德又无知，这样的人当然没有政治决策和管理能力。他们只配成为政治管理的对象。因此荀子在为君主制寻找政治正当性的根据时，他认为民心向背起着决定性的作用。这样可以为君主制找到最广泛的政治认同。一旦进入政治管理的层面，荀子就把既无德又无知的民众顺理成章地排除在外，君主则成为政治上的主宰者。在荀子的政治理想中，明君自身都有很高的道德学识修养，而且依靠君子进行统治。在荀子的思想深处他是把政治管理当作一种特殊职业，这种职业只能由具备一定道德修养和学识积累的人来担任。民众从数量上说占社会多数，但他们由于自身的条件所限而没有能力参与到政治管理中。

荀子之前的孔孟同样认为下层人民素质低下。在《论语·子路》篇中有如下记载：

---

① 《荀子》一书中关于民众的负面形象的刻画并不少见。例如，《非相》篇中说："夫妄人曰：'古今异情，其以治乱者异道。'而愚者疑焉。彼众人者，愚而无说，陋而无度者也。其所见焉，犹可欺也，而况于千世之传也。"《正论》篇中说："圣王在上，图德而定次，量能而授官，皆使民载其事而各得其宜，不能以义制利，不能以伪饰性，则兼以为民。"

　　樊迟请学稼。子曰："吾不如老农。"请学为圃。曰："吾不如老圃。"
樊迟出。子曰："小人哉，樊须也！上好礼，则民莫敢不敬；上好义，则民
莫敢不服；上好信，则民莫敢不用情。夫如是，则四方之民襁负其子而至矣，
焉用稼？"

　　从中可以看出孔子认为种田种菜这些职业是小人从事的工作，而从事此
类工作的人当然属于下层民众。孔子认为学习就是为了做懂礼知义的君子，
而君子的职责就是从事政治、管理民众。孔子实际上认为下层民众不懂礼义，
是粗鄙的小人，只配成为被治理的对象。孟子尽管鼓吹君轻民贵，但他却说：
"人之所以异于禽兽者几希，庶民去之，君子存之。"（《孟子·离娄下》）
这一句话暴露了孟子对民众的真实看法。既然他认为庶民把"异于禽兽"的
道德丢掉了，那么庶民就几乎要等同于禽兽了。禽兽自然是无德无知的代名词。
近乎禽兽的民众自然不能参与政治治理了。在孟子看来君子才能保存异于禽
兽的道德意识。① 孔孟荀都认为民众是没有资格和能力参与政治管理的。

　　荀子思想中的民众是无德无知的，但荀子并不认为无德无知的状况不能
改变。荀子认为所有的人天生是相同的，都是性恶。他说："凡人之性者，尧、
舜之与桀、跖，其性一也；君子之与小人，其性一也。"（《荀子·性恶》）
人的差别在于后天的学习和努力。荀子提出了"涂之人可以为禹"的著名命
题，他说："'涂之人可以为禹'，曷谓也？曰：凡禹之所以为禹者，以其
为仁义法正也。然则仁义法正有可知可能之理，然而涂之人也，皆有可以知
仁义法正之质，皆有可以能仁义法正之具，然则其可以为禹明矣。今以仁义
法正为固无可知可能之理邪？然则唯禹不知仁义法正，不能仁义法正也。将
使涂之人固无可以知仁义法正之质，而固无可以能仁义法正之具邪？然则涂
之人也，且内不可以知父子之义，外不可以知君臣之正。不然。今涂之人者，
皆内可以知父子之义，外可以知君臣之正，然则其可以知之质，可以能之具，
其在涂之人明矣。今使涂之人者以其可以知之质，可以能之具，本夫仁义法
正之可知之理，可能之具，然则其可以为禹明矣。"（《荀子·性恶》）荀
子认为人们天生都有成为圣人的潜能，只要人们在后天成长的过程中努力学
习、加强修养，就能成为像大禹那样的圣人。

---

① 孟子还说过类似的话："无恒产而有恒心者，惟士为能。若民，则无恒产，因无恒心。"（《孟子·梁惠王上》）又说：
"待文王而后兴者，凡民也。若夫豪杰之士，虽无文王犹兴。"（《孟子·尽心上》）

　　荀子发出了学习改变命运的呼吁："我欲贱而贵，愚而智，贫而富，可乎？曰：其唯学乎。彼学者，行之，曰士也；敦慕焉，君子也；知之，圣人也。上为圣人，下为士君子，孰禁我哉！乡也，混然涂之人也，俄而并乎尧、禹，岂不贱而贵矣哉！乡也，效门室之辨，混然曾不能决也，俄而原仁义，分是非，图回天下于掌上而辩黑白，岂不愚而知矣哉！乡也，胥靡之人，俄而治天下之大器举在此，岂不贫而富矣哉！"（《荀子·儒效》）在荀子看来通过学习可以提升自身的道德和学识水平，进而实现由民众到士君子乃至圣人的转变。荀子并不看重门第出身，而是认为平民子弟也可以通过学习礼义加入到统治者的行列。他说："虽王公士大夫之子孙，不能属于礼义，则归之庶人。虽庶人之子孙也，积文学，正身行，能属于礼义，则归之卿相士大夫。"（《荀子·王制》）荀子虽然是一个有严重等级观念的人，但他划分人的标准却是人的品德、学识。因此，我们不能因为荀子对民众的形象作了负面的刻画就断定他认为民众资质低下。

　　在荀子之前，先秦儒家已经有了学习改变个人素质的教育理念。孔子热心推行私学教育，他提倡"有教无类。"（《论语·卫灵公》）孔子认为只要经过教育下层民众的道德学识可以得到提高。孔子说："自行束脩以上，吾未尝无诲焉。"（《论语·述而》）他的多数学生都来自社会下层。孟子也有同样的教育理念。"人皆可以为尧舜"的著名论断就来自《孟子》一书：

　　曹交问曰："人皆可以为尧舜，有诸？"孟子曰："然。""交闻文王十尺，汤九尺。今交九尺四寸以长，食粟而已，如何则可？"曰："奚有于是？亦为之而已矣。有人于此，力不能胜一匹雏，则为无力人矣；今日举百钧，则为有力人矣。然则举乌获之任，是亦为乌获而已矣。夫人岂以不胜为患哉？弗为耳。徐行后长者谓之弟，疾行先长者谓之不弟。夫徐行者，岂人所不能哉？所不为也。尧舜之道，孝悌而已矣。子服尧之服，诵尧之言，行尧之行，是尧而已矣。子服桀之服，诵桀之言，行桀之行，是桀而已矣。"曰："交得见于邹君，可以假馆，愿留而受业于门。"曰："夫道若大路然，岂难知哉？人病不求耳。子归而求之，有馀师。"（《孟子·告子下》）

　　从中可以看出，孟子认为人人皆可以通过学习提升自身的修养。由此可见，先秦儒家都是一方面认为民众缺乏道德学识修养，另一方面认为民众通过学习可以加入到君子行列中。民众的无知无德并不是因为他们天生资质低下。

　　综上所述，可以得出如下结论：民本论和君本论并存于荀子（也包括孔子孟子）的君民关系思想中。它们之间的关系并非水火不容。在论证君主制的正当性、合理性时，君民之间的关系是君末民本；在谈及政治治理时，君民之间的关系则变成了君本民末。民本论既为贤君的治理提供了道义上的支持，又为推翻暴君的统治埋下了伏笔。这说明荀子力图协调好君与民、统治者与被统治者双方的关系。民本论表达了一种美好的政治理想，君本论则是对现实政治的承认。在人类政治文明发展的历程中，总会有人对现实的政治制度提出一些高于现实的政治期许，希望现实的政治制度更加完美，更好地造福于民。这些政治期许又总是难以完全实现。政治期许和现实的政治制度之间总是保持着或近或远的距离。这是一种常态。民本论就是君主制时代的政治期许。

第五章
荀子与墨子、庄子、韩非子的人际关系思想比较

在以往的有关荀子人际关系思想的研究中，忽视了荀子与其他学派相关思想的系统对比。先秦诸子都有各自的人际关系思想，他们之间既互相攻难、反驳，又互相吸收、借鉴。

第一节 荀子与墨子的人际关系思想比较

墨子创立的墨家学说对先秦儒家构成了强有力的挑战。作为儒家的传承者，荀子对墨家学说进行了多方面的批判以捍卫儒家学说。而在实际上，荀子与墨子在人际关系的认识上既有对立之处又有相同之处。①

一、荀子与墨子在父子关系认识上的异同

墨子在父子关系上的主张可以归结为两个方面：一是主张兼爱，认为爱人之父应如爱己之父；二是主张薄葬短丧。②

如果说亲疏有别、爱有差等是儒家处理人际关系的基本原则，那么兼爱就是墨子处理人际关系的根本原则。墨子认为现实中的人际关系存在种种问题，如子不孝父、臣不忠君，要想解决人际关系中存在的问题就必须找出产

---

① 这方面的研究成果可参考：游唤民：《先秦民本思想》，湖南师范大学出版社1991年版，第178-189页；查昌国：《论墨子之孝与"无父"》，载《安庆师院社会科学学报》1998年第4期；康学伟：《先秦孝道研究》，吉林人民出版社2000年版，第192-196页；康学伟：《论"孝"与墨家思想》，载《社会科学战线》2004年第4期；王保国：《两周民本思想研究》，学苑出版社2004年版，第183-203页；徐儒宗：《人和论——儒家人伦思想研究》，人民出版社2006年版，第531-539页；郑杰文：《中国墨学通史》，上册，人民出版社2006年版，第129-140页。其中徐儒宗对儒家和墨家的人际关系思想进行了比较，但以上研究成果甚少涉及荀子与墨子人际关系思想的具体比较。
② 对墨子的主张，荀子之前的孟子已经进行了批判。孟子说："圣王不作，诸侯放恣，处士横议，杨朱、墨翟之言盈天下。天下之言不归杨，则归墨。杨氏为我，是无君也；墨氏兼爱，是无父也。无父无君，是禽兽也。"（《孟子·滕文公下》）孟子坚持爱有差等和孝道优位，他强烈反对墨子爱无差等的思想.孟子认为墨子不分亲疏的兼爱思想就是要把人变成禽兽。

生问题的原因，这好比医生要想医好病人就必须查出病因一样。他说："圣人以治天下为事者也，必知乱之所自起，焉能治之；不知乱之所自起，则不能治。譬之如医之攻人之疾者然，必知疾之所自起，焉能攻之；不知疾之所自起，则弗能攻。治乱者何独不然，必知乱之所自起，焉能治之；不知乱之所自起，则弗能治。"（《墨子·兼爱上》）因此他首先对人际关系混乱的原因进行了探究。他说："当察乱何自起？起不相爱。臣子之不孝君父，所谓乱也。子自爱不爱父，故亏父而自利；弟自爱不爱兄，故亏兄而自利；臣自爱不爱君，故亏君而自利。此所谓乱也。虽父之不慈子，兄之不慈弟，君之不慈臣，此亦天下之所谓乱也。父自爱也，不爱子，故亏子而自利；兄自爱也，不爱弟，故亏弟而自利；君自爱也，不爱臣，故亏臣而自利。是何也？皆起不相爱。"（《墨子·兼爱上》）在墨子看来包括父子关系在内的各种人际关系之所以会出现问题原因都在于人与人之间不能相爱，例如儿子只知道爱自己而不爱父亲，他就会以损害父亲的利益为代价来谋取个人的私利。这也就是所谓的不孝。

既然找到了人际关系出现问题的原因所在，墨子就开出了自己的药方。他说："若使天下兼相爱，爱人若爱其身，犹有不孝者乎？视父兄与君若其身，恶施不孝？犹有不慈者乎？视弟子与臣若其身，恶施不慈？故不孝不慈亡。"（《墨子·兼爱上》）墨子认为如果人们做到了爱人如己，人际关系领域存在的一切问题都会迎刃而解。当一个人爱他人如爱自己时，就不会做损人利己的事情。兼爱意味着要求人们不分亲疏贵贱等因素平等地爱一切人。墨子不但提出了兼爱的主张而且从多个方面论证兼爱的可行性：

第一，墨子坚信践行兼爱的人必然获得他人同样的回报。他说："夫爱人者，人必从而爱之；利人者，人必从而利之。恶人者，人必从而恶之；害人者，人必从而害之。"（《墨子·兼爱中》）在墨子的道德认识中德福是一致的，利人者必利己，害人者必害己。因此人们没有理由拒绝用兼爱来处理人际关系。

第二，墨子指出历史上的圣王已经做到了兼爱，树立了成功的榜样。在墨子看来既然历史上的禹、周文王都已做到了兼爱，今人自然也能做到。《墨子·兼爱中》载："今天下之上君子曰：然，乃若兼则善矣。虽然，不可行之物也，譬若挈太山越河济也。子墨子言：是非其譬也。夫挈太山而越河济，可谓毕劫有力矣。自古及今,未有能行之者也。况乎兼相爱、交相利则与此异,古者圣王行之。何以知其然?古者禹治天下,西为西河、渔窦,以泄渠、孙、皇之水。北为防、原、泒,注后之邸、嘑池之窦,洒为底柱,凿为龙门,以利燕代胡貉与西河之民。东方漏之陆,防孟诸之泽,洒为九浍,以楗东土之水,以利冀州之民。南为江、汉、淮、汝,东流之,注五湖之处,以利荆、楚、干、越与南夷之民。此言禹之事,吾今行兼矣。昔者文王之治西土,若日若月,乍光于四方,于西土,不为大国侮小国,不为众庶侮鳏寡,不为暴势夺穑人黍稷狗彘。天屑临文王慈,是以老而无子者,有所得终其寿;连独无兄弟者,有所杂于生人之间;少失其父母者,有所放依而长。此文王之事,则吾今行兼矣。"有人提出兼爱听起来很理想但是难以实行。针对这个疑问,墨子引用大禹和周文王的事例来回应。墨子认为他们两人就是践行兼爱理念的楷模。古人和今人都是人,古人做到的,今人也能做到。

第三,墨子认为人们既然已经做到了比践行兼爱更难做的事情,兼爱自然就不难实行。墨子举例,楚国人能够为了取悦国君忍饿节食、越国人为了执行君令敢于赴汤蹈火、晋国人为了迎合君主穿上粗陋的衣服,而践行兼爱要比做到这些事情容易。因此兼爱是可行的。墨子说:"不识天下之士所以皆闻兼而非之者,其故何也?意以为难而不可为邪?尝有难此而可为者。昔荆灵王好小要,当灵王之身,荆国之士饭不逾乎一,固据而后兴,扶垣而后行。故约食为其难为也,然后为而灵王说之,未逾于世而民可移也,即求以乡其上也。昔者越王句践好勇,教其士臣三年,以其知为未足以知之也,焚舟失火,鼓而进之,其士偃前列、伏水火而死者,不可胜数也。当此之时,不鼓而退也,越国之士可谓颤矣。故焚身为其难为也,然后为而越王说之,未逾于世而民可移也,即求以乡其上也。昔者晋文公好苴服,当文公之时,晋国之士大布之衣,牂羊之裘,练帛之冠,且苴之屦,入见文公,出以践之朝。故苴服为其难为也,然后为而文公说之,未逾于世而民可移也,即求以乡其上也。是故约食、焚身、苴服,此天下之至难为也,然后为而上说之,未逾于世而民可移也。何故也?即求以乡其上也。今若夫兼相爱、交相利,此其有利且易为也,不可胜计也。"(《墨子·兼爱下》)墨子相信实行兼爱不是人间最难做的事,它要比"约食、焚身、苴服"容易。实行兼爱完全在人们的能力范围内。

第四，墨子指出人们实际上都喜欢践行兼爱理念的人。墨子认为人们在需要帮助时都会寻找信奉兼爱的人。因为这样的人能够爱人如己，尽心尽力地帮助他人。因此能够推行兼爱。墨子举例说明："姑尝两而进之，设以为二士，使其一士者执别，使其一士者执兼。是故别士之言曰：'吾岂能为吾友之身若为吾身，为吾友之亲若为吾亲。'是故退睹其友，饥即不食，寒即不衣，疾病不侍养，死丧不葬埋。别士之言若此，行若此。兼士之言不然，行亦不然，曰：'吾闻为高士于天下者，必为其友之身若为其身，为其友之亲若为其亲，然后可以为高士于天下。'是故退睹其友，饥则食之，寒则衣之，疾病侍养之，死丧葬埋之。兼士之言若此，行若此。若之二士者，言相非而行相反与？当使若二士者，言必信，行必果，使言行之合，犹合符节也，无言而不行也。然即敢问：今有平原广野于此，被甲婴胄，将往战，死生之权未可识也；又有君大夫之远使于巴、越、齐、荆，往来及否未及否，未可识也。然即敢问不识将恶择之也？家室奉承亲戚，提挈妻子，而寄托之，不识于兼之有是乎？于别之有是乎？我以为当其于此也，天下无愚夫愚妇，虽非兼之人，必寄托之于兼之有是也。"（《墨子·兼爱下》）墨子通过比较得出结论：现实中人们十分需要按照兼爱理念办事的兼士，而不是违背兼爱理念的别士。

第五，墨子认为上天发挥着惩恶扬善的作用，所谓恶是反对兼爱，所谓善是践行兼爱。在墨子看来，禹、汤、文、武等人之所以能得到上天的赏赐，赢得圣王的美名，原因就在于他们能实行兼爱，而桀、纣、幽、厉等人之所以受到上天的惩罚，落下暴王的恶名，原因就在于他们不能实行兼爱。因此，人们要想求福避祸就必须践行兼爱，只有这样才能顺应天意，获得上天的赐福。《墨子·天志上》载："顺天意者，兼相爱、交相利，必得赏；反天意者，别相恶、交相贼，必得罚。然则是谁顺天意而得赏者？谁反天意而得罚者？子墨子言曰：昔三代圣王禹汤文武，此顺天意而得赏者也；昔三代之暴王桀纣幽厉，此反天意而得罚者也。然则禹汤文武其得赏何以也？子墨子言曰：其事上尊天，中事鬼神，下爱人，故天意曰：'此之我所爱，兼而爱之；我所利，兼而利之。爱人者此为博焉，利人者此为厚焉。'故使贵为天子，富有天下，业万世子孙。传称其善，方施天下，至今称之，谓之圣王。然则桀纣幽厉得其罚何以也？子墨子言曰：其事上诟天，中诬鬼，下贼人。故天意曰：'此之我所爱，别而恶之；我所利，交而贼之。恶人者此为之博也，贼人者此为之厚也。'故使不得终其寿，不殁其世，至今毁之，谓之暴王。"墨子相信上天让奉行兼爱的人得福，让违背兼爱的人得祸。人们为了趋利避害就应该实行兼爱。

综上所述，墨子认为兼爱不但是一种美好的理想而且在现实中切实可行。① 按照兼爱理念处理父子关系自然会导出这样的结论：做儿子的应该做到爱人之父如爱己之父。只有这样才符合爱无差等的兼爱理念。这无疑是要颠覆儒家提倡的人们所熟知的爱有差等理念。一般来说，人们都懂得区分亲疏，爱自己的父亲要超过爱他人的父亲。墨子也考虑到了这一点，并对此做了解释。《墨子·兼爱下》载："然而天下之非兼者之言犹未止，曰：意不忠亲之利，而害为孝乎？子墨子曰：姑尝本原之孝子之为亲度者。吾不识孝子之为亲度者，亦欲人爱利其亲与？意欲人之恶贼其亲与？以说观之，即欲人之爱利其亲也。然即吾恶先从事即得此？若我先从事乎爱利人之亲，然后人报我以爱利吾亲乎？意我先从事乎恶人之亲，然后人报我以爱利吾亲乎？即必吾先从事乎爱利人之亲，然后人报我以爱利吾亲也。然即之交孝子者，果不得已乎毋先从事爱利人之亲者与？意以天下之孝子为遇，而不足以为正乎？姑尝本原之先王之所书《大雅》之所道曰：'无言而不仇，无德而不报。投我以桃，报之以李。'即此言爱人者必见爱也，而恶人者必见恶也。"墨子认为孝子都希望他人善待自己的亲人。只有先做到了爱人之父如爱己之父，才能换回他人同样的回报。因此实行兼爱不但不违背孝道而且有利于推行孝道。

针对儒家厚葬久丧的主张，墨子提出了薄葬短丧的主张。《墨子·节葬下》载："子墨子制为葬埋之法曰：棺三寸，足以朽骨；衣三领，足以朽肉。掘地之深，下无菹漏，气无发泄于上，垄足以期其所，则止矣。哭往哭来，反从事乎衣食之财，佴乎祭祀，以致孝于亲。"按照墨子的规定自然可以大大减少耗费在葬礼上的财富和时间。《墨子·公孟》载："公孟子谓子墨子曰：'子

---

① 墨子在论证兼爱可行性的过程中存在诸多问题。第一，墨子坚信在现实中好人必得好报，坏人必得恶报，但是现实中从来不缺乏好人得恶报，恶人得好报的情况。第二，墨子认为大禹和周文王做到了兼爱，为后人树立了榜样。问题是墨子讲的是否符合历史事实。他的叙述中带着明显的理想化色彩，对传说和历史进行了有意的加工，使之服务于自己的观点。先秦诸子普遍存在这个问题。第三，墨子认为实行兼爱比"约食、焚身、葅服"容易，这种比较并不恰当，很难说服人。第四，墨子所刻画的兼士基本上只是一种理想人格的象征，现实中并不存在。第五，墨子在论证的过程中带有明显的宗教神学色彩。

以三年之丧为非，子之三日之丧亦非也。'子墨子曰：'子以三年之丧非三日之丧，是犹倮谓撅者不恭也。'"从中可以看出墨子的主张和儒家的主张正好针锋相对。在墨子看来人们在迅速办完葬礼后就应该马上投入到工作中。墨子为薄葬短丧进行了辩解，理由如下：

第一，墨子认为孝子为亲人考虑的问题大致有以下三个方面："亲贫则从事乎富之，人民寡则从事乎众之，众乱则从事乎治之。"（《墨子·节葬下》）当亲人贫困时使家庭富裕；当家庭人口少时使人口增多；当家庭混乱时使家庭安定。薄葬短丧符合孝子为亲人这三个方面的考虑，而厚葬久丧则不符合孝子为亲人这三个方面的考虑。因为实行厚葬会浪费大量的财富，这不利于增加家庭的收入；在服丧期间人们不能生育，这不利于增加家庭的人口；由于厚葬久丧耗费了家庭大量的财富，影响了家庭正常的人口生产，进而给家庭带来了诸多不利因素，有碍家庭的安定。而薄葬短丧可以避免上述弊端的产生。

第二，墨子认为厚葬久丧会导致国家贫弱，招来大国的侵略。在墨子看来厚葬久丧耗费了社会大量的财富，影响了人口的正常生产，进而削弱了国力，有利于大国侵略小国。墨子说："凡大国之所以不攻小国者，积委多，城郭修，上下调和，是故大国不耆攻者。无积委，城郭不修，上下不调和，是故大国耆攻之。今惟毋以厚葬久丧者为政，国家必贫，人民必寡，刑政必乱。若苟贫，是无以为积委也，若苟寡，是修城郭沟渠者寡也。若苟乱，是出战不克，入守不固。此求禁止大国之攻小国也，而既已不可矣。"（《墨子·节葬下》）战国时期，大国不断发动战争，兼并小国。墨子同情受侵略的小国，主张非攻。他认为厚葬久丧只会损伤小国的力量，助长大国侵略的气焰。

第三，墨子认为厚葬久丧会导致上帝鬼神的惩罚。墨子认为厚葬久丧会使人们陷入贫困，进而无法准备洁净的祭品祭祀上帝鬼神；厚葬久丧减少了参加祭祀的人口数量；厚葬久丧会带来混乱使人们不能及时祭祀上帝鬼神。这都会引来上帝鬼神的责怪和惩罚。墨子说："今惟无以厚葬久丧者为政，国家必贫，人民必寡，刑政必乱。若苟贫，是粢盛酒醴不净洁也；若苟寡，是事上帝鬼神者寡也；若苟乱，是祭祀不时度也。今又禁止事上帝鬼神，为政若此，上帝鬼神始得从上抚之曰：'我有是人也，与无是人也，孰愈？'曰：

'我有是人也,与无是人也,无择也。'则惟上帝鬼神降之罪厉之祸罚而弃之,
则岂不亦乃其所哉。"(《墨子·节葬下》)墨子的这一论证带着明显的神
学色彩。

第四,墨子指出历史上的圣王死后实行的就是薄葬短丧,厚葬久丧不符
合先王之道。墨子举出尧舜禹的事例来证明墨家的主张是符合先王之道的。
墨子说:"昔者尧北教乎八狄,道死,葬蛩山之阴。衣衾三领,榖木之棺,
葛以缄之,既犯而后哭,满埳无封。已葬,而牛马乘之。舜西教乎七戎,道死,
葬南己之市。衣衾三领,榖木之棺,葛以缄之。已葬,而市人乘之。禹东教
乎九夷,道死,葬会稽之山,衣衾三领,桐棺三寸,葛以缄之,绞之不合,
道之不埳。土地之深,下毋及泉,上毋通臭。既葬,收馀壤其上,垄若参耕
之亩,则止矣。若以此若三圣王者观之,则厚葬久丧果非圣王之道。故三王者,
皆贵为天子,富有天下,岂忧财用之不足哉?以为如此葬埋之法。"(《墨子·
节葬下》)墨子认为贵为天子的尧舜禹死后都实行的是薄葬短丧,那么其他
人更应该如此了。

墨子在总结了厚葬久丧的弊端和薄葬短丧的优点之后,自然得出了应该
实行墨家建议的结论。

荀子则继承了孔子以来儒家在父子关系上的基本立场:一是分亲疏,也
就是爱有差等,爱己之父自然要超过爱人之父;二是坚持厚葬久丧的立场。[①]
荀子和墨子的观点正好相反。

荀子认为儒家继承了先王之道,而先王之道的一个重要内容就是分亲疏。
荀子说:"尚贤使能,等贵贱,分亲疏,序长幼,此先王之道也。故尚贤、使能,
则主尊下安;贵贱有等,则令行而不流;亲疏有分,则施行而不悖;长幼有
序,则事业捷成而有所休。"(《荀子·君子》)又说:"圣王财衍以明辨异,
上以饰贤良而明贵贱,下以饰长幼而明亲疏"。(《荀子·君道》)按照儒
家爱有差等、亲疏分明的原则,做儿子的是绝不能像爱自己的父亲那样爱他
人的父亲。荀子认为只有分清了亲疏关系才能在处理人际关系时不发生悖乱。
而按照墨家的兼爱理念行事只会导致亲疏不分,扰乱正常的人际关系秩序。

---

① 这里需要说明的是,儒家在丧葬这个问题上并不主张铺张浪费、大讲排场。《论语·八佾》载:"林放问礼之本。子曰:
'大哉问!礼,与其奢也,宁俭;丧,与其易也,宁戚。'"儒家所说的厚葬久丧只是相对墨家的薄葬短丧而言。儒家
更多是从情感这个角度看待丧葬问题。

荀子在《礼论》中用了相当多的笔墨阐述三年之丧的合理性和必要性。他说：“三年之丧何也？曰：称情而立文，因以饰群别、亲疏、贵贱之节而不可益损也，故曰无适不易之术也。创巨者其日久，痛甚者其愈迟，三年之丧，称情而立文，所以为至痛极也；齐衰、苴杖、居庐、食粥、席薪、枕块，所以为至痛饰也。三年之丧，二十五月而毕，哀痛未尽，思慕未忘，然而礼以是断之者，岂不以送死有已，复生有节也哉！凡生乎天地之间者，有血气之属必有知，有知之属莫不爱其类。今夫大鸟兽则失亡其群匹，越月逾时则必反铅过故乡，则必徘徊焉，鸣号焉，踯躅焉，踟蹰焉，然后能去之也。小者是燕爵，犹有啁噍之颂焉，然后能去之。故有血气之属莫知于人，故人之于其亲也，至死无穷。将由夫愚陋淫邪之人与？则彼朝死而夕忘之，然而纵之，则是曾鸟兽之不若也，彼安能相与群居而无乱乎？”（《荀子·礼论》）在荀子看来三年之丧合情合理，它是按照亲疏贵贱的原则制定的。人们对最亲的亲人感情最深，自然在失去至亲时会最悲痛，这就需要用最隆重的葬礼来表达人们内心的哀痛。三年之丧就是为了让人们把内心中对丧失至亲的悲痛合理地表达出来。在荀子看来，人们对至亲的哀痛至死都不会消失，但是必须对之加以合理的节制，否则人们就无法从悲痛中恢复过来过上正常的生活。荀子认为，如果有人面对亲人的逝去采取“朝死而夕忘之”的态度，那么这种人连禽兽都不如。因为荀子认为凡是有血气之属都爱自己的同类。荀子举例说即便如鸟兽都会因失去同类发出哀号。这无疑是在批判墨家的薄葬短丧主张。在荀子看来，墨子薄葬短丧的主张太缺乏人情味，没有顾及到这样一个事实：人是最讲感情的动物。没有三年之丧这样一种长时段的安排，人们是无法从丧失至亲的悲痛中恢复过来的。墨子的薄葬短丧就是强人所难。荀子认为人们在表达对逝者的感情时，可以把功利性的考虑放在次要的位置上。而墨子总是强调功利上的得失，即便在丧葬问题上也不例外。

墨子和荀子都主张做儿子的应该孝敬父亲，但在具体主张上却大相径庭。①

_____

① 墨子与儒家的思想差异与他的出身有关。学界大多认为墨子出身低贱，因此所提的建议大都带有劳动阶层的思想特色，极其追求实用。而儒家向来被认为是士大夫阶层的代表，其学说往往带着贵族气息。墨子主张取消音乐，因为他认为人民面临的问题是：“饥者不得食，寒者不得衣，劳者不得息”。（《墨子·非乐上》）而音乐不但无助这些问题的解决还会加重人民的负担。荀子则认为音乐有助于建立和谐的人际关系，他说：“乐在宗庙之中，君臣上下同听之，则莫不和敬；闺门之内，父子兄弟同听之，则莫不和亲；乡里族长之中，长少同听之，则莫不和顺。故乐者，审一以定和者也，比物以饰节者也，合奏以成文者也，足以率一道，足以治万变。是先王立乐之术也，而墨子非之，奈何！”（《荀子·乐论》）

二、荀子与墨子在君臣关系认识上的异同

墨子认为君臣之间的关系是相对的，士人选择入仕是为了实现墨家救世济民的理想而不是为了个人的荣华富贵。士人只应和志同道合的君主合作。因此墨子坚持择君而事的原则，反对士人为了个人私利而与暴君贪官同流合污。

墨子十分赞扬自己的弟子为了大义舍弃高官厚禄的举动。《墨子·耕柱》载："子墨子使管黔敖游高石子于卫，卫君致禄甚厚，设之于卿。高石子三朝必尽言，而言无行者。去而之齐，见子墨子曰：'卫君以夫子之故，致禄甚厚，设我于卿。石三朝必尽言，而言无行，是以去之也。卫君无乃以石为狂乎？'子墨子曰：'去之苟道，受狂何伤？古者周公旦非关叔，辞三公，东处于商盖，人皆谓之狂。后世称其德，扬其名，至今不息。且翟闻之，为义非避毁就誉，去之苟道，受狂何伤？'高石子曰：'石去之，焉敢不道也？昔者夫子有言曰："天下无道，仁士不处厚焉。"今卫君无道，而贪其禄爵，则是我为苟陷人长也。'子墨子说，而召子禽子，曰：'姑听此乎！夫倍义而乡禄者，我常闻之矣，倍禄而乡义者，于高石子焉见之也。'"墨子的弟子高石子以卫君不能听从自己的建议为由辞掉了高官厚禄。他的行为得到了墨子的肯定和赞赏。在墨子看来士人之所以选择入仕，建立君臣关系是为了推行自己信奉的学说，而绝不是为了个人的私利。

墨子坚决反对自己的弟子为了私利不顾大义一味迎合上级的行为。《墨子·鲁问》载："子墨子使胜绰事项子牛，项子牛三侵鲁地，而胜绰三从。子墨子闻之，使高孙子请而退之，曰：'我使绰也，将以济骄而正嬖也。今绰也，禄厚而谲夫子，夫子三侵鲁，而绰三从，是鼓鞭于马靳也。翟闻之，言义而弗行，是犯明也。绰非弗之知也，禄胜义也。'"墨家弟子胜绰为了保住个人的职位和俸禄，不但不反对上级的侵略行为而且助纣为虐。这严重违背了墨子的入仕理念，因此墨子让胜绰离职。

墨子不但严格要求自己的弟子而且以身作则为学生树立了榜样。《墨子·鲁问》载："子墨子游公尚过于越，公尚过说越王，越王大说，谓公尚过曰：'先

生苟能使子墨子至于越而教寡人，请裂故吴之地方五百里以封子墨子。'公尚过许诺，遂为公尚过束车五十乘，以迎子墨子于鲁，曰：'吾以夫子之道说越王，越王大说，谓过曰：苟能使子墨子至于越而教寡人，请裂故吴之地方五百里以封子。'子墨子谓公尚过曰：'子观越王之志何若？意越王将听吾言，用我道，则翟将往，量腹而食，度身而衣，自比于群臣，奚能以封为哉？抑越王不听吾言，不用吾道，而我往焉，则是我以义粜也。钧之粜，亦于中国耳，何必于越哉？'"墨子认为士人是否入仕取决于君主是否愿意推行士人信奉的政治理念。士人绝不能为了优厚的待遇而丧失自己的政治理念。因此墨子坚持择君而事，只愿意与认同墨家政治理念的君主合作。

和墨子一样，荀子认为士人应该积极入仕，帮助君主治国安民。不过，荀子认为士人可以在任何类型的君主手下任职。他说："事圣君者，有听从，无谏争；事中君者，有谏争，无谄谀；事暴君者，有补削，无挢拂。"又说："恭敬而逊，听从而敏，不敢有以私决择也，不敢有以私取与也，以顺上为志，是事圣君之义也。忠信而不谀，谏争而不谄，挢然刚折，端志而无倾侧之心，是案曰是，非案曰非，是事中君之义也。调而不流，柔而不屈，宽容而不乱，晓然以至道而无不调和也，而能化易，时关内之，是事暴君之义也。若驭朴马，若养赤子，若食馁人，故因其惧也，而改其过；因其忧也，而辨其故；因其喜也，而入其道；因其怒也，而除其怨；曲得所谓焉。"（《荀子·臣道》）在荀子看来君主可以分为圣君、中君、暴君，士人可以和其中任何一种类型的君主合作，只不过要采用不同的应对策略。这不同于墨子择君而事的观点。当然，荀子并不主张士人为了一己之私而与暴君贪官沆瀣一气。荀子认为士人要始终坚守道德底线。较之墨子择君而事的主张，荀子从策略上对士人提出了更高的要求。很多士人难以做到这一点。荀子的观点容易招来误解和批判。

墨子认为臣下应该忠于君主，并指出了忠臣应尽的职责。《墨子·鲁问》载："鲁阳文君谓子墨子曰：'有语我以忠臣者，令人俯则俯，令之仰则仰，处则静，呼则应，可谓忠臣乎？'子墨子曰：'令之俯则俯，令之仰则仰，是似景也。处则静，呼则应，是似响也。君将何得于景与响哉？若以翟之所谓忠臣者，上有过则微之以谏，己有善则访之上，而无敢以告外，匡其邪而入其善，尚同而无下比，是以美善在上而怨雠在下，安乐在上而忧戚在臣。

此翟之所谓忠臣者也。'"在墨子看来臣下对君主言听计从并不是尽忠的表现，忠臣面对君主的过失应伺机婉言劝谏，要向君主提出好的建议。墨子认为臣下在劝谏的过程中应顾及君主的颜面。

荀子在忠君的问题上与墨子并无二致。荀子主张臣下应对君主尽忠，他说："有大忠者，有次忠者，有下忠者，有国贼者：以德復君而化之，大忠也；以德调君而辅之，次忠也；以是谏非而怒之，下忠也；不恤君之荣辱，不恤国之臧否，偷合苟容，以持禄养交而已耳，国贼也。若周公之于成王也，可谓大忠矣；若管仲之于桓公，可谓次忠矣；若子胥之于夫差，可谓下忠矣；若曹触龙之于纣者，可谓国贼矣。"（《荀子·臣道》）荀子虽然提倡尽忠，但将犯颜直谏称为下忠。因为这种行为意味着要伤及君主的尊严，容易招来灾祸。荀子和墨子一样认为臣下在劝谏的过程中要顾及君主的颜面和感受，应避免犯颜直谏。

墨子认为君主应该按照任人唯贤的原则选拔官员。在墨子看来每个君主都想把国家治理好，但实际上并不是每一个君主都能实现这个目标，成败在于君主能否选用贤人。《墨子·尚贤上》载："王公大人为政于国家者，皆欲国家之富，人民之众，刑政之治。然而不得富而得贫，不得众而得寡，不得治而得乱，则是本失其所欲，得其所恶，是其故何也？子墨子言曰：是在王公大人为政于国家者，不能以尚贤事能为政也。"墨子认为君主与贤臣合作就能建立功业赢得美名，而与奸臣佞人在一起就会落个国破家亡的下场。《墨子·所染》载："舜染于许由、伯阳，禹染于皋陶、伯益，汤染于伊尹、仲虺，武王染于太公、周公。此四王者所染当，故王天下，立为天子，功名蔽天地。举天下之仁义显人，必称此四王者。夏桀染于干辛、推哆，殷纣染于崇侯、恶来，厉王染于厉公长父、荣夷终，幽王染于傅公夷、蔡公谷。此四王者所染不当，故国残身死，为天下僇。举天下不义辱人，必称此四王者。"墨子认为舜禹汤武之所以能成就王业就在于他们任用了贤人，而桀纣厉幽之所以身败名裂就在于任用了奸佞之人。

墨子指出了当时统治者在选拔官吏上的弊端，他说："王公大人有一罢马，不能治，必索良医；有一危弓不能张，必索良工。当王公大人之于此也，虽有骨肉之亲、无故富贵、面目美好者，实知其不能也，必不使。是何故？

恐其败财也。当王公大人之于此也，则不失尚贤而使能。逮至其国家则不然，王公大人骨肉之亲、无故富贵、面目美好者，则举之。则王公大人之亲其国家也，不若其亲一危弓、罢马、衣裳、牛羊之财与？我以此知天下之士君子皆明于小而不明于大也。此譬犹瘖者而使为行人，聋者而使为乐师。"（《墨子·尚贤下》）墨子认为统治者在小事上知道择贤而用，而一旦到了关系国家命运的政治治理上就变得糊涂起来。在墨子看来当时的官员选拔存在任人唯亲等弊端。墨子认为应该按照德才兼备的标准任用官员，他说："古者圣王之为政，列德而尚贤，虽在农与工肆之人，有能则举之，高予之爵，重予之禄，任之以事，断予之令，曰：'爵位不高则民弗敬，蓄禄不厚则民不信，政令不断则民不畏。'举三者授之贤者，非为贤赐也，欲其事之成。故当是时，以德就列，以官服事，以劳殿赏，量功而分禄。故官无常贵，而民无终贱，有能则举之，无能则下之。举公义，辟私怨，此若言之谓也。"（《墨子·尚贤上》）墨子要求彻底打破血缘门第观念的束缚，不拘一格选拔人才。"官无常贵，民无终贱"的口号无疑是要彻底破除世卿世禄制。

　　荀子和墨子一样认为君主应坚持任人唯贤的原则。荀子认为国家的强弱安危和国君的个人荣辱取决于人才的选拔。他说："为人主者，莫不欲强而恶弱，欲安而恶危，欲荣而恶辱，是禹、桀之所同也。要此三欲，辟此三恶，果何道而便？曰：在慎取相，道莫径是矣。故知而不仁不可，仁而不知不可，既知且仁，是人主之宝也，而王霸之佐也。不急得，不知；得而不用，不仁。无其人而幸有其功，愚莫大焉。"（《荀子·君道》）荀子认为任人唯亲只会导致国家的灭亡："求卿相辅佐，则独不若是其公也，案唯便嬖亲比己者之用也，岂不过甚矣哉！故有社稷者莫不欲强，俄则弱矣；莫不欲安，俄则危矣；莫不欲存，俄则亡矣。古有万国，今有十数焉，是无它故，莫不失之是也。"（《荀子·君道》）荀子认为选拔人才应该不拘一格，不看门第出身，他说："请问为政？曰：贤能不待次而举，罢不能不待须而废，元恶不待教而诛，中庸民不待政而化。分未定也则有昭缪。虽王公士大夫之子孙也，不能属于礼义，则归之庶人。虽庶人之子孙也，积文学，正身行，能属于礼义，则归之卿相士大夫。"（《荀子·王制》）在荀子看来君主选拔人才时只应考虑候选人的德才，按照他们品德的高低和能力的大小授予官职。他说："论德而定次，量能而授官，皆使其人载其事而各得其所宜。上贤使之为三公，次贤使之为诸侯，下贤使之为士大夫"。（《荀子·君道》）荀子同墨子一样要求废除世卿世禄制，按照任人唯贤的原则选拔人才。

墨子和荀子在任人唯贤的问题上没有分歧。不过由于墨子是在荀子之前，因此我们有理由说是荀子汲取了墨子任人唯贤的思想。

三、荀子与墨子在君民关系认识上的异同

荀子与墨子在君民关系的认识上有诸多共识，他们都是民本主义者，认为设立君主和国家机构是为了服务民众。他们也都认为民众本身没有治理国家的能力，国家的治理要靠以君主为首的统治集团,信奉贤人治国的政治理念。

墨子说："古者民始生未有刑政之时，盖其语，人异义。是以一人则一义，二人则二义，十人则十义。其人兹众，其所谓义者亦兹众。是以人是其义，以非人之义，故交相非也。是以内者父子兄弟作怨恶，离散不能相和合。天下之百姓，皆以水火毒药相亏害，至有馀力不能以相劳，腐朽馀财不以相分，隐匿良道不以相教，天下之乱，至若禽兽然。夫明虖天下之所以乱者，生于无政长。是故选天下之贤可者，立以为天子。天子立，以其力为未足，又选择天下之贤可者，置立之以为三公。天子三公既以立，以天下为博大，远国异土之民、是非利害之辩，不可一二而明知，故画分万国，立诸侯国君。诸侯国君既已立，以其力为未足，又选择其国之贤可者，置立之以为正长。"（《墨子·尚同上》）墨子认为在人类社会的初期人们陷入一片混乱之中。原因在于人们都各执己见，反对对方的见解。为了结束人与人之间的杂乱无章状态，设立了以天子为首的国家机构。从中不难看出墨子立君为民的民本主义立场。墨子认为明君应该"必先万民之身，后为其身"。（《墨子·兼爱下》）

正因为墨子坚持立君为民的立场，所以他认为君主的地位可以转移。墨子说："昔之圣王禹汤文武，兼爱天下之百姓，率以尊天事鬼，其利人多，故天福之，使立为天子，天下诸侯皆宾事之。暴王桀纣幽厉，兼恶天下之百姓，率以诟天侮鬼，其贼人多，故天祸之，使遂失其国家，身死为僇于天下，后世子孙毁之，至今不息。故为不善以得祸者，桀纣幽厉是也；爱人利人以

得福者，禹汤文武是也。爱人利人以得福者有矣，恶人贼人以得祸者亦有矣。"（《墨子·法仪》）禹汤文武因为兼爱人民而成为明君，名垂青史；桀纣幽厉因为祸害人民而丢掉君位，遗臭万年。墨子肯定了汤武推翻暴君的举动。墨子设置了一个高于天子的天，这个天发挥着惩恶扬善的作用，"天子有善，天能赏之；天子有过，天能罚之。"（《墨子·天志下》）上天奖赏爱护人民的君主，惩罚祸害人民的君主。墨子这样做的目的显然是为了限制君主，以使君权运行在为民谋利的轨道上。

荀子同样坚持立君为民的民本主义立场。他说："天之生民，非为君也。天之立君，以为民也。故古者列地建国，非以贵诸侯而已；列官职，差爵禄，非以尊大夫而已。"（《荀子·大略》）荀子认为君权并非不可转移并为汤武革命进行了辩护："汤、武非取天下也，修其道，行其义，兴天下之同利，除天下之同害，而天下归之也。桀、纣非去天下也，反禹、汤之德，乱礼义之分，禽兽之行，积其凶，全其恶，而天下去之也。天下归之之谓王，天下去之之谓亡。故桀、纣无天下而汤、武不弑君，由此效之也。汤、武者，民之父母也；桀、纣者，民之怨贼也。"（《荀子·正论》）荀子和墨子都是民本主义者，都认为得民心者得天下，失民心者失天下，都赞成打倒暴君的汤武革命。他们都把君主制的正当性建立在民意的基础上。

墨子认为兼爱理想的实现取决于君主的个人意愿，他说："今若夫兼相爱、交相利，此其有利且易为也，不可胜计也。我以为则无有上说之者而已矣，苟有上说之者，劝之以赏誉，威之以刑罚，我以为人之于就兼相爱、交相利也，譬之犹火之就上、水之就下也，不可防止于天下。"（《墨子·兼爱下》）在墨子看来如果君主乐意推行兼爱并运用赏罚政策加以保障，兼爱就很容易变成现实。墨子和儒家一样把政治理想的实现寄托在国君身上。在政治治理这个层面上墨子基本上没有把民众的作用考虑在内。在墨子思想的深处隐藏着这样一种理念：民众没有能力参与政治治理，他们是政治管理的对象但不是政治治理的主体。

荀子同样认为民众不能参与政治治理，政治治理是君主和士大夫的职责。荀子有过这样的论述："人论：志不免于曲私而冀人之以己为公也，行不免于汙漫而冀人之以己为修也，其愚陋沟瞀而冀人之以己为知也，是众人也。

志忍私然后能公，行忍情性然后能修，知而好问然后能才，公修而才，可谓
小儒矣。志安公，行安修，知通统类，如是则可谓大儒矣。大儒者，天子三
公也。小儒者，诸侯大夫士也。众人者，工农商贾也。"（《荀子·儒效》）
由工农商构成的民众的特征概括起来就是既无德又无知。这样的人自然不能
参与政治治理。有德有识的精英才有能力从事政治治理，也即大儒、小儒。
大儒小儒就是指理想中的以君主为首的统治集团。荀子和墨子在政治治理这
个层面上对君民关系的认识是一致的：他们都认为民众没有能力参与政治治
理，政治事务要由君主及其手下官员来处理。

不过，墨子与荀子在君民关系的认识上并非完全一致，他们还是存在一
定的分歧，墨子认为君主应按照兼爱的理念治理民众而荀子则认为君主应按
照儒家爱有差等的原则治理民众。墨子的君民关系论中带有明显的宗教神学
色彩，而在荀子的君民关系论中则难以找到宗教神学的影子。

第二节 荀子与庄子的人际关系思想比较

庄子是先秦道家的代表人物。荀子对庄子的评价是"蔽于天而不知人"。
（《荀子·解蔽》）这句话可谓一语中的，道出了庄子崇尚自然的道家风格。
庄子认为在人类的自然状态中不存在文明社会中善恶是非的对立，人们和谐
相处，而文明社会的到来却破坏了这种理想状态。作为儒家的传人荀子则认
为人类自然状态的特征是野蛮混乱，理想社会的构建需要礼乐刑政来维持。
这就决定了庄子和荀子在人际关系的认识上会有诸多对立之处。[1]

---

[1]　相关研究成果可参考：康学伟：《先秦孝道研究》，吉林人民出版社 2000 年版，196-205 页；王保国：《两周民本思想研究》，学苑出版社 2004 年版，第 233-253 页；徐儒宗：《人和论——儒家人伦思想研究》，人民出版社 2006 年版，第 539-549 页；王博：《庄子哲学》，北京大学出版社 2004 年版，第 24-44 页；萧仕平：《庄子人际关系思想试析》，载《商丘师范学院学报》2006 年第 6 期；王焱：《游世的庄子》，载《中国哲学史》2007 年第 3 期；傅佩荣：《傅佩荣〈庄子〉心得》，国际文化出版公司 2007 年版，第 57-59 页；陈鼓应：《老庄新论》，商务印书馆 2008 年版，第 433-486 页；张刚：《道家孝道思想研究》，载《玉溪师范学院学报》2009 年第 2 期；徐春根：《试论庄子处理人际关系的出发点及和谐追求》，载《理论探索》2009 年第 3 期。在上述研究成果中，徐儒宗对儒家和道家的人际关系思想进行了比较。但以上研究成果缺乏荀子与庄子人际关系思想的具体比较。

一、荀子与庄子在父子关系认识上的异同

庄子和荀子都视父子关系为最基本、最重要的人际关系之一。他们都主张为人子当尽孝，但他们对父子关系和孝的内涵却有着不同的理解。

在不少人看来，庄子是那种超尘脱俗、不问人间是非的出世之人。实际上，庄子并非如此。庄子没有躲进深山老林中过隐居生活，他自己也娶妻生子。[①]庄子认为："天下有大戒二：其一，命也；其一，义也。子之爱亲，命也，不可解于心；臣之事君，义也，无适而非君也，无所逃于天地之间。是之谓大戒。是以夫事其亲者，不择地而安之，孝之至也"。（《庄子·人间世》）庄子清醒地认识到世人都必须面对父子、君臣这两种最基本的人际关系。庄子用"无所逃于天地之间"来说明这个道理。他认为任何人都爱自己的亲人，这是命中注定的事情，这种情缘在任何人心中都挥之不去。在庄子看来，子女尽孝应做到无论在何种环境中都能让父母感觉到安适。至此我们还难以看出庄子有别于儒家的地方。

不过，庄子对父子关系和孝道却有着自己独到的见解。他认为父子之间的亲情是一种天然淳朴的感情，儿女尽孝是顺其自然的事情，根本不需要文明社会的道德教条介入其中。庄子认为儒家所提倡的礼义孝道有违人的自然本性。在庄子看来仁爱之亲不但存在于人类而且存在于动物界。《庄子·天运》载："商大宰荡问仁于庄子。庄子曰：'虎狼，仁也。'曰：'何谓也？'庄子曰：'父子相亲，何为不仁？'"庄子之所以这样说目的还在强调亲情的维护无需文明社会礼义的介入，自然的才是最好的。庄子对孝道较为详细的论述是："以敬孝易，以爱孝难；以爱孝易，以忘亲难；忘亲易，使亲忘我难；使亲忘我易，兼忘天下难；兼忘天下易，使天下兼忘我难。"（《庄子·天运》）庄子将子女尽孝按照从易到难分为六个等级：第一个等级是子女在尽孝时表现出礼貌上的恭敬；第二个等级是子女用爱心去尽孝；第三个等级是子女在尽孝时忘掉了亲人；第四个等级是子女在尽孝时使亲人忘掉了

---

① 《庄子·至乐》载："庄子妻死，惠子吊之，庄子则方箕踞鼓盆而歌。惠子曰：'与人居，长子老身，死不哭亦足矣，又鼓盆而歌，不亦甚乎！'庄子曰：'不然。是其始死，我独何能无概然！察其始而本无生，非徒无生也而本无形，非徒无形也而本无气。杂乎芒芴之间，变而有气，气变而有形，形变而有生，今又变而之死，是相与为春秋冬夏四时行也。人且偃然寝于巨室，而我噭噭然随而哭之，自以为不通乎命，故止也。'"

自己在尽孝；第五个等级是子女在尽孝时忘掉了天下人；第六个等级是子女在尽孝时使天下人忘掉了自己在尽孝。① 庄子的论述贯穿着崇尚自然的理念，力图剔除任何刻意的因素，还孝道以天然朴素的面貌。儿女尽孝本来就是一种完全自发的行为，不受任何外在因素的影响。它既不存在外在强制的因素也不是做出来给别人看，以谋取孝子的名声。庄子说："孝悌仁义，忠信贞廉，此皆自勉以役其德者也，不足多也。"（《庄子·天运》）在庄子看来儒家提倡的孝悌仁义之道就是对人的天性的奴役。庄子认为子女尽孝本来是自然而然的事情，一旦刻意强调孝道反而说明父子之间的关系出现了问题。②

庄子认为人际关系越是亲近就越不用讲究礼仪。父子之间是至亲的关系因而最不需要讲究礼仪。他说："蹍市人之足，则辞以放骜，兄则以妪，大亲则已矣。故曰，至礼有不人，至义不物，至知不谋，至仁无亲，至信辟金。"（《庄子·庚桑楚》）一个人如果踩了陌生人的脚就必须赔礼道歉以换取对方的谅解；如果踩了兄弟的脚只需略表意外就行了；如果踩了父母的脚就什么也不用说，因为父母和子女之间是至亲的关系，他们根本不会怀疑自己的孩子有不良的动机。由此可知，"人际关系越近，礼便越是简约；反之，礼越厚繁，则表示人越疏远。"③ 这嘲讽了讲究繁文缛节的儒家。

和庄子一样，荀子十分重视父子关系。他认为父子、君臣、夫妇这三种人际关系需要人们终身加以揣摩。他说："君臣之义，父子之亲，夫妇之别，则日切瑳而不舍也。"（《荀子·天论》）但荀子并不认为动物界存在人们所说的亲情。荀子说："人之所以为人者，何已也？曰：以其有辨也。饥而欲食，寒而欲煖，劳而欲息，好利而恶害，是人之所生而有也，是无待而然者也，是禹、桀之所同也。然则人之所以为人者，非特以二足而无毛也，以其有辨也。今夫狌狌形笑，亦二足而毛也，然而君子啜其羹，食其胾。故人之所以为人者，非特以其二足而无毛也，以其有辨也。夫禽兽有父子而无父子之亲，有牝牡而无男女之别。"（《荀子·非相》）荀子严守人禽之辨，认为父子之亲只存在于人群中。这和庄子的观点正好相反。庄子认为仁爱之

---

① 在傅佩荣看来儒家所说的孝道境界顶多可以到达庄子所说的第二等级和第三等级之间。详见：傅佩荣：《傅佩荣〈庄子〉心得》，国际文化出版公司 2007 年版，第 59 页。
② 这里可以看出老子对庄子的影响，老子说过："六亲不和，有孝慈"。（《老子》十八章）见：陈鼓应：《老子注译及评介》，中华书局 2009 年版，第 132 页。
③ 康学伟：《先秦孝道研究》，吉林人民出版社 2000 年版，第 204 页。

亲也存在于动物界。荀子重人文，认为美好的事物来自人文的创作；庄子则重自然，认为美好的事物来自自然的生发。

荀子认为子女尽孝不像庄子所说的那样是一种自发的行为。荀子认为必须经过后天礼义的教化，才能把人培养成合格的孝子。而庄子认为儿女尽孝是自然天成的事情，根本无需礼义的介入。在荀子看来顺着人的自然天性只能产生不孝之子。荀子说："今人饥，见长而不敢先食者，将有所让也；劳而不敢求息者，将有所代也。夫子之让乎父，弟之让乎兄，子之代乎父，弟之代乎兄，此二行者，皆反于性而悖于情也。然而孝子之道，礼义之文理也。故顺情性则不辞让矣，辞让则悖于情性矣。"（《荀子·性恶》）可见荀子认为尽孝是建立在克服自然本性的基础上，人只有经过礼义的矫正才能成为孝子。因为荀子对人的自然天性的判断是："今人之性，饥而欲饱，寒而欲暖，劳而欲休，此人之情性也。"（《荀子·性恶》）在荀子看来人的自然天性不但不会引发自觉的孝行而且只会导致违逆孝道的恶行。因此荀子和庄子不同，他十分强调文明社会中礼义孝道的作用。他认为只有经过礼义的矫治才能塑造出孝子。荀子认为父子之间虽然是至亲的关系但仍然需要讲究礼仪规范。荀子说："请问为人父？曰：宽惠而有礼。请问为人子？曰：敬爱而致文。"（《荀子·君道》）而庄子则认为正是因为父子之间是至亲的关系所以无须讲究礼仪。

因此，从表面上看庄子与荀子均重视父子关系，主张儿女孝敬父母。但在如何理解父子关系和孝道的内涵上却存在根本性的分歧。这源自庄子和荀子对人性的不同认识。庄子认为人的天性淳朴，而荀子则认为人的天性趋恶。

二、荀子与庄子在君臣关系认识上的异同

庄子和荀子虽然同属士人阶层，但在君臣关系的认识上却存在根本性的分歧。庄子明确反对士人入仕，拒绝和君主合作，认为士人介入政治不但不能起到任何积极的作用反而会危害自身。而荀子则主张士人积极入仕，构建和谐的君臣关系，以实现儒家救世济民的政治理想。庄子不但不去争取入仕的机会，还拒绝了送上门的当官机会，《史记·老子韩非列传》载："楚威

王闻庄周贤，使使厚币迎之，许以为相。庄周笑谓楚使者曰：'千金，重利；卿相，尊位也。子独不见郊祭之牺牛乎？养食之数岁，衣以文绣，以入大庙。当是之时，虽欲为孤豚，岂可得乎？子亟去，无污我。我宁游戏污渎之中自快，无为有国者所羁，终身不仕，以快吾志焉。'"而荀子为了入仕奔走于列国之间，积极游说各国的统治者。庄子确实不同于以得君行道为人生追求的儒家，他喜欢过自由洒脱的生活。

庄子认为士人选择入仕就是在做无谓的冒险。他认为士人和君主合作不但不能实现救世济民的理想而且随时可能遭遇不测。庄子十分擅长以讲故事的方式阐明自己的观点立场。在《庄子·人间世》中庄子虚拟了如下一段对白：

颜回见仲尼，请行。曰："奚之？"曰："将之卫。"曰："奚为焉？"曰："回闻卫君，其年壮，其行独；轻用其国，而不见其过；轻用民死，死者以国量乎泽若蕉，民其无如矣。回尝闻之夫子曰：'治国去之，乱国就之，医门多疾。'愿以所闻思其则，庶几其国有瘳乎！"仲尼曰："譆！若殆往而刑耳！……强以仁义绳墨之言术暴人之前者，是以人恶有其美也，命之曰菑人。菑人者，人必反菑之，若殆为人菑夫！且苟为悦贤而恶不肖，恶用而求有以异？若唯无诏，王公必将乘人而斗其捷。而目将荧之，而色将平之，口将营之，容将形之，心且成之。是以火救火，以水救水，名之曰益多。顺始无穷，若殆以不信厚言，必死于暴人之前矣！"

在这段对白中，庄子将孔子刻画成道家的代言人，颜回则保留了儒家的本色。颜回认为卫国人民由于国君残暴的统治而陷入水深火热之中，因此出于救世济民的考虑决定去说服卫君。孔子则警告颜回这种选择十分危险。儒家向来主张运用仁义之道来说服国君。而故事中的孔子则认为这种做法是招灾引祸的捷径。因为士人在暴君面前讲述道德仁义等于是以君主的恶反衬自己的善。庄子把这种做法叫做菑人，也即祸害他人。祸害他人的人自然很容易被人祸害。这种说服方式极易招来国君的逆反心理，导致国君的报复行为。暴君拥有至高无上的权力，一旦恼羞成怒，承担说服工作的士人很可能遭遇不测。伴君如伴虎。故事中的孔子认为颜回很可能未能说服卫君反而会在卫君的狡辩和威压之下变得顺从起来，起到助纣为虐的作用，最终还难逃一死。这就是庄子对士人入仕前景的看法。

庄子指出身处官场的士人常常处在危难之中，备受煎熬。《庄子·人间世》中有如下记载：

叶公子高将使于齐，问于仲尼曰："王使诸梁也甚重，齐之待使者，盖将甚敬而不急。匹夫犹未可动，而况诸侯乎！吾甚慄之。子常语诸梁也曰：'凡事若小若大，寡不道以懽成。事若不成，则必有人道之患；事若成，则必有阴阳之患。若成若不成而后无患者，唯有德者能之。'吾食也执粗而不臧，爨无欲清之人。今吾朝受命而夕饮冰，我其内热与！吾未至乎事之情，而既有阴阳之患矣；事若不成，必有人道之患。"

庄子通过使者叶公子高之口说出了与国君相处的艰难。肩负君王的使命，如果不能完成任务肯定会受到国君的惩罚，即人道之患；即便顺利完成了使命，也会因为担惊受怕、心力交瘁而导致身体内部生理上的失调和紊乱，即阴阳之患。无论成败，身处官场的士人都备受身心上的双重折磨。《庄子·人间世》中还有同样的一段记载："颜阖将傅卫灵公大子，而问于蘧伯玉曰：'有人于此，其德天杀。与之为无方，则危吾国；与之为有方，则危吾身。其知适足以知人之过，而不知其所以过。若然者，吾奈之何？'" 颜阖被国君任命为太子的老师，这在常人看来是天大的喜事，但是颜阖却高兴不起来。因为太子生性残暴。颜阖如果严格要求太子，就可能激怒太子而身遭不测；如果为了避祸而放纵太子则会危害国家，因为太子是未来的国君。作为太子师傅的颜阖可谓是进退维谷。

庄子认为士人通过入仕获取的荣华富贵是冒着极大的危险换来的：

人有见宋王者，锡车十乘，以其十乘骄稚庄子。庄子曰："河上有家贫恃纬萧而食者，其子没于渊，得千金之珠。其父谓其子曰：'取石来锻之！夫千金之珠，必在九重之渊而骊龙颔下，子能得珠者，必遭其睡也。使骊龙而寤，子尚奚微之有哉！'今宋国之深，非直九重之渊也；宋王之猛，非直骊龙也；子能得车者，必遭其睡也。使宋王而寤，子为齑粉夫！"（《庄子·列御寇》）

在庄子看来，士人固然可以从君臣的交往中获取常人难以企及的财富，但这是以生命为赌注换来的。这就应了中国的一句俗语：富贵险中求。

庄子认为士人从君臣交易中获得的高官厚禄往往是以丧失道德立场和人

格独立为代价换来的：

　　宋人有曹商者，为宋王使秦。其往也，得车数乘；王说之，益车百乘。反于宋，见庄子曰："夫处穷闾厄巷，困窘织屦，槁项黄馘者，商之所短也；一悟万乘之主而从车百乘者，商之所长也。"庄子曰："秦王有病召医，破痈溃痤者得车一乘，舐痔者得车五乘，所治愈下，得车愈多。子岂治其痔邪，何得车之多也？子行矣！"（《庄子·列御寇》）

　　在庄子看来，那些通过入仕谋得荣华富贵的士人往往都是道德沦丧之辈。曹商就是这类士人的代表。庄子清醒地认识到在君臣关系中，君主处在权力和财富支配者的优势地位上，而士人则处在被支配的劣势地位上。君主以手中的权力和财富为诱饵往往可以玩弄士人于股掌之上。而渴求财富与权力的士人为了取悦君主往往不得不听从国君的摆弄，做出低三下四的事情，从而丧失了人格。庄子对君主专制制度下官场的道德状况有清醒的认识。

　　庄子还对儒家推崇的忠君理念进行了批评："外物不可必，故龙逢诛，比干戮，箕子狂，恶来死，桀纣亡。人主莫不欲其臣之忠，而忠未必信，故伍员流于江，苌弘死于蜀，藏其血三年而化为碧。"（《庄子·外物》）庄子认为臣下对君主的一片忠心未必能换来国君的认可，反而可能招致杀身之祸。比干、伍子胥等人就是这方面的典型。庄子说："且昔者桀杀关龙逢，纣杀王子比干，是皆修其身以下伛拊人之民，以下拂其上者也，故其君因其修以挤之。是好名者也。"（《庄子·人间世》）庄子批判这些为尽忠而死的大臣是好名之辈，都为声名所惑。

　　出于上述考虑，庄子认为士人不应介入政治。① 庄子认为士人不管是抱着救世济民的愿望还是怀揣升官发财的想法，一旦踏入君主的殿堂就随时可能遭遇不测，理想都会化为泡影。庄子认为人的生命是最宝贵的。他说："能尊生者，虽贵富不以养伤身，虽贫贱不以利累形。今世之人居高官尊爵者，皆重失之，见利轻亡其身，岂不惑哉！"（《庄子·让王》）又说："今世俗之君子，多危身弃生以殉物，岂不悲哉！凡圣人之动作也，必察其所以之与其所为。今且有人于此，以隋侯之珠弹千仞之雀，世必笑之。是何也？则其所用者重而所要者轻也。夫生者，岂特隋侯之重哉！"（《庄子·让王》）

---

① 庄子反对入仕，还与他重视精神自由密切相关。庄子旷达不羁的性格与处处讲究尊卑之别的官场格格不入。庄子对自然之美有着独特的爱好，而对人文世界则总是抱着一种警惕。

在庄子看来为了追求高官厚禄而失掉了最为宝贵的生命，这是极不明智的选择。庄子认为功名利禄都是身外之物，它们的重要性无法与生命相比。①

庄子认为当时的世道是一个无道世界，用他自己的话说就是"今处昏上乱相之间"。（《庄子·山木》）他认为"方今之时，仅免刑焉。"（《庄子·人间世》）在这样一个乱世之中能保全生命，不遭遇刑罚就行了。庄子认为士人选择入仕就是自投罗网，君主都如同性情无常的老虎随时可能吞噬士人的生命。因此庄子认为士人应该远离君主，放弃入仕的打算。

和庄子一样，荀子也看到了仕途的艰难，并不否认士人与君主相处存在一定的危险。他认为士人要想说服国君十分困难："凡说之难，以至高遇至卑，以至治接至乱。未可直至也，远举则病缪，近世则病佣。"（《荀子·非相》）不过，与庄子不同，荀子认为这些困难是可以克服的。荀子认为士人在说服国君时如果做到了："远举而不缪，近世而不佣，与时迁徙，与世偃仰"。（《荀子·非相》）国君就能被说服。在荀子看来士人与不同类型的国君相处所冒的风险是不一样的。他说："恭敬而逊，听从而敏，不敢有以私决择也，不敢有以私取与也，以顺上为志，是事圣君之义也。忠信而不谀，谏争而不谄，挢然刚折，端志而无倾侧之心，是案曰是，非案曰非，是事中君之义也。调而不流，柔而不屈，宽容而不乱，晓然以至道而无不调和也，而能化易，时关内之，是事暴君之义也。若驭朴马，若养赤子，若食馁人，故因其惧也，而改其过；因其忧也，而辨其故；因其喜也，而入其道；因其怒也，而除其怨：曲得所谓焉。"（《荀子·臣道》）在荀子看来现实中的君主并不像庄子说的那样都是暴君。暴君只是君主中的一个类型。士人和这样的君主相处的确要冒着很大的风险。在荀子看来暴君如同未经驯服的野马。但士人如果和中君相处就不会有这么大的风险。一般来说，中君能够容忍臣下提出批评建议。士人如果能遇到宽宏大量、心怀慈悲的圣君就更容易开展君臣合作了。这种情况往往只存在于理想中。荀子举出了不少君臣和谐相处的例子，如周成王

① 庄子进一步说："小人则以身殉利，士则以身殉名，大夫则以身殉家，圣人则以身殉天下。故此数子者，事业不同，名声异号，其于伤性以身为殉，一也。臧与谷，二人相与牧羊而俱亡其羊。问臧奚事，则挟筴读书；问谷奚事，则博塞以游。二人者，事业不同，其于亡羊均也。伯夷死名于首阳之下，盗跖死利于东陵之上，二人者，所死不同，其于残生伤性均也，奚必伯夷之是而盗跖之非乎！天下尽殉也。彼其所殉仁义也，则俗谓之君子；其所殉货财也，则俗谓之小人。其殉一也，则有君子焉，有小人焉；若其残生损性，则盗跖亦伯夷已，又恶取君子小人于其间哉！"（《庄子·骈拇》）在庄子看来，君子为名而死和小人为利而死表面上看起来不同，但实际上都牺牲了最为宝贵的生命。从这个角度看，小人与君子之间的差别失去了意义。而孔子、孟子、荀子都严守君子小人之辩。儒家认为君子和小人之间有天壤之别，君子做事都符合大义，而小人则图谋个人私利且不顾道德法制的约束。

之于周公，齐桓公之于管仲。而庄子则刻意回避这些事例，力图凸显士人在君臣关系中面临的危险。

在对比干、伍子胥这类忠臣的看法上，荀子一方面肯定了他们的出发点是好的，另一方面指出臣下在和君主相处的过程中应尽量避免和君主冲突，最好用道德感化的方式劝谏君主。荀子说："有大忠者，有次忠者，有下忠者，有国贼者：以德复君而化之，大忠也；以德调君而辅之，次忠也；以是谏非而怒之，下忠也；不恤君之荣辱，不恤国之臧否，偷合苟容以持禄养交而已耳，国贼也。若周公之于成王也，可谓大忠矣；若管仲之于桓公，可谓次忠矣；若子胥之于夫差，可谓下忠矣；若曹触龙之于纣者，可谓国贼矣。"（《荀子·臣道》）因此荀子和庄子在对为进谏而死的忠臣的看法上存在明显的差异。庄子立足于批判和否定，而荀子则是在肯定他们的目的的同时指出了应避免采取犯颜直谏这种手段。荀子同样重视生命，提出了不少保全自我的建议。他说："求善处大重，理任大事，擅宠于万乘之国，必无后患之术：莫若好同之，援贤博施，除怨而无妨害人。能耐任之，则慎行此道也。能而不耐任，且恐失宠，则莫若早同之，推贤让能而安随其后。如是，有宠则必荣，失宠则必无罪，是事君者之宝而必无后患之术也。"（《荀子·仲尼》）荀子不像庄子那样为了全生而放弃入仕。荀子和庄子一样对战国的世道进行了批判。不过，庄子因社会存在问题而选择了退却，而荀子却主张士人积极介入，改变社会现实。

庄子和荀子都认识到了君臣关系中存在的问题。但庄子着力突出仕途的险恶和君主的残暴，因而得出了放弃入仕的结论，选择了明哲保身的做法。荀子则认为尽管君臣关系存在问题，现实的君主不乏昏庸残暴之徒，但通过士人的参与还是能够加以改变。荀子对现实政治和君主类型的分析较之庄子要全面一些，务实一些。庄子往往只是抓住现实中黑暗的一面，而不愿承认还存在积极的一面，从而选择了放弃。陈鼓应说："庄子思想的最大问题，是缺乏奋斗的精神。"[①] 这是很中肯的评价。

---

① 陈鼓应：《老庄新论》，商务印书馆 2008 年版，第 486 页。

三、荀子与庄子在君民关系认识上的异同

庄子认为理想的君民关系只存在于前文明社会。在文明社会到来之前社会上的人际关系处在一片和谐之中，人民过着自给自足的生活。那时的国君顺应民性，奉行无为而治的管理方针，君民关系十分融洽。庄子说："至德之世，其行填填，其视颠颠。当是时也，山无蹊隧，泽无舟梁；万物群生，连属其乡；禽兽成群，草木遂长。是故禽兽可系羁而游，鸟鹊之巢可攀援而窥。夫至德之世，同与禽兽居，族与万物并，恶乎知君子小人哉！同乎无知，其德不离；同乎无欲，是谓素朴；素朴而民性得矣。"（《庄子·马蹄》）庄子认为人们在没有进入文明社会之前无知无欲，没有所谓的善恶是非之分，没有人际交往上的纷争。不但人与人之间和谐相处而且人与动物之间也和谐相处。那时君主执行的是无为而治的方针。因为庄子认为人性自然淳朴，他说："民有常性，织而衣，耕而食，是谓同德；一而不党，命曰天放。"（《庄子·马蹄》）治理这样的人民君主只需要顺应民性，无需有任何刻意的作为。庄子说："天地虽大，其化均也；万物虽多，其治一也；人卒虽众，其主君也。君原于德而成于天，故曰，玄古之君天下，无为也，天德而已矣。"（《庄子·天地》）在庄子看来无为而治是君主治理人民的最好方式。

庄子认为文明社会的到来打破了这种和谐的状态。庄子说："夫赫胥氏之时，民居不知所为，行不知所之，含哺而熙，鼓腹而游，民能以此矣。及至圣人，屈折礼乐以匡正天下之形，县跂仁义以慰天下之心，而民乃始踶跂好知，争归于利，不可止也。此亦圣人之过也。"（《庄子·马蹄》）在庄子看来，仁义礼乐这些文明因素的出现使人民失去了淳朴的本性，陷入无穷无尽的利益纷争之中。

儒家向来主张君主要以德治国，而在庄子看来被儒家推崇的仁义道德完全可以被大盗用来做坏事：

跖之徒问于跖曰："盗亦有道乎？"跖曰："何适而无有道邪！"夫妄意室中之藏，圣也；入先，勇也；出后，义也；知可否，知也；分均，仁也。五者不备而能成大盗者，天下未之有也。（《庄子·胠箧》）

庄子认为文明社会中的道德只是一种工具，可以为任何人所利用。正是仁义道德成就了像跖这样的大盗。跖就是凭借自身所具有的这些"美德"才使那么多人心甘情愿地追随他，开展有组织的犯罪活动。庄子说："爱利出乎仁义，捐仁义者寡，利仁义者众。夫仁义之行，唯且无诚，且假乎禽贪者器。"（《庄子·徐无鬼》）在文明社会中，仁义往往成为人们谋取私利的工具。[1]

儒家认为君主治民不但要依靠礼乐还要依靠赏罚，以惩治那些不愿接受礼乐教化的人。庄子则认为赏罚起不到预期的作用，他说："故举天下以赏其善者不足，举天下以罚其恶者不给，故天下之大不足以赏罚。自三代以下者，匈匈焉终以赏罚为事，彼何暇安其性命之情哉！"（《庄子·在宥》）赏罚只会扰乱人们平静淳朴的本性。庄子认为要想彻底解决文明社会中存在的问题只能回到文明社会之前的自然状态中。

荀子则认为理想的君民关系构建离不开君主的积极治理和礼乐刑政的运用。在荀子看来，在文明社会到来之前人类社会是处在一片混乱之中，并不存在理想的君民关系。荀子关于礼的起源的解释是："礼起于何也？曰：人生而有欲，欲而不得，则不能无求；求而无度量分界，则不能不争；争则乱，乱则穷。先王恶其乱也，故制礼义以分之，以养人之欲，给人之求，使欲必不穷乎物，物必不屈于欲，两者相持而长，是礼之所起也。"（《荀子·礼论》）荀子认为人性天生贪得无厌，没有礼制的约束就会争夺不止。他的看法正好和庄子的观点形成尖锐的对立。

荀子说："人之性恶，其善者伪也。今人之性，生而有好利焉，顺是，故争夺生而辞让亡焉；生而有疾恶焉，顺是，故残贼生而忠信亡焉；生而有耳目之欲，有好声色焉，顺是，故淫乱生而礼义文理亡焉。然则从人之性，顺人之情，必出于争夺，合于犯分乱理而归于暴。故必将有师法之化，礼义之道，然后出于辞让，合于文理，而归于治。用此观之，然则人之性恶明矣，其善者伪也。故枸木必将待檃栝、烝、矫然后直，钝金必将待砻、厉然后利。今人之性恶，必将待师法然后正，得礼义然后治。今人无师法则偏险而不正，无礼义则悖乱而不治。古者圣王以人之性恶，以为偏险而不正，悖乱而不治，

---

[1] 庄子批判仁义的论述还有多处，例如，《庄子·天运》载："孔子见老聃而语仁义。老聃曰：'夫播穅眯目，则天地四方易位矣；蚊虻噆肤，则通昔不寐矣。夫仁义憯然乃愤吾心，乱莫大焉。吾子使天下无失其朴，吾子亦放风而动，总德而立矣，又奚杰然若负建鼓而求亡子者邪？夫鹄不日浴而白，乌不日黔而黑。黑白之朴，不足以为辩；名誉之观，不足以为广。泉涸，鱼相与处于陆，相呴以湿，相濡以沫，不若相忘于江湖！'"庄子借助老子之口批判仁义惑乱人心。

是以为之起礼义,制法度,以矫饰人之情性而正之,以扰化人之情性而导之也。"（《荀子·性恶》）这就是荀子性恶论的基本内容。荀子认为人天生的本性是好利恶害,顺着人的自然天性只会产生种种恶行,人际之间的冲突将不可避免。因此君主的管理、道德的教化、法制的惩戒都是不可或缺的。庄子则认为人的天性淳朴,顺着人的自然天性,人与人就会和谐相处,根本不需要礼乐刑政。对人性的不同理解导致庄子和荀子在人际关系的认识上产生了巨大的分歧。

荀子说:"人之性恶。故古者圣人以人之性恶,以为偏险而不正,悖乱而不治,故为之立君上之埶以临之,明礼义以化之,起法正以治之,重刑罚以禁之,使天下皆出于治,合于善也。是圣王之治,而礼义之化也。今当试去君上之埶,无礼义之化,去法正之治,无刑罚之禁,倚而观天下民人之相与也,若是,则夫强者害弱而夺之,众者暴寡而哗之,天下之悖乱而相亡不待顷矣。"（《荀子·性恶》）荀子认为正是因为人性恶才需要国君和礼乐刑政。如果没有君主的管理和礼乐刑政的约束就会出现以强欺弱、以众欺寡的现象,社会将陷入一片混乱之中。而庄子则认为正是文明社会中的君主和礼乐刑政造成了社会的混乱。

庄子与荀子在君民关系的认识上存在诸多分歧,这来源于他们对人性的不同认识。庄子认为自然状态是理想的,文明的到来打破了这种理想状态。荀子则指出人们在文明社会之前的自然状态中只有争夺和混乱。庄子的论述明显带有反文明的倾向,他抓住文明社会存在的问题就试图彻底否定文明,这明显是在逆历史潮流而行。庄子对人类的前文明状态做了极其理想化的处理。庄子关于理想君民关系的设想只能是一种空想。但庄子对文明社会的批判却是十分深刻的。陈鼓应说:"庄子对于人类历史活动固然有惊人的透视,对于现实世界的观察固然极其敏锐,对于社会问题的暴露固然非常尖锐,但是,他无论是对于历史所遗留的问题,还是对于现实社会的问题,在发出一通议论以后,却并不投入现实斗争,加以改造和变革,而是自个儿退到幻想的世界里去。庄子的思想是善于观察社会问题,而乏于解决社会问题。"[①] 较之庄子,荀子对君民关系的认识带有较强的现实主义色彩。尽管荀子的人性论存在种

① 陈鼓应:《老庄新论》,商务印书馆 2008 年版,第 486 页。

种不足，但他的性恶论能比较有效地解释文明社会存在的问题。荀子主张君主应该依靠礼乐刑政治理人民，这切合中国传统社会的实情。最后需要指出，庄子和荀子都希望建立和谐的君民关系，也都希望君主善待人民。

第三节 荀子与韩非子的人际关系思想比较

《史记·老子韩非列传》载："韩非者，韩之诸公子也。喜刑名法术之学，而其归本于黄老。非为人口吃，不能道说，而善著书。与李斯俱事荀卿，斯自以为不如非。"由此可知荀子和韩非子之间是师生关系。不过，韩非子并没有全面继承并发展荀子的儒家学说，而是背离了儒家成为先秦法家思想的集大成者。荀子与韩非子在人际关系的认识上既有诸多不同之处，又有某些重要共识。①

一、荀子与韩非子在父子关系认识上的异同

荀子与韩非子都视父子关系为最基本的人际关系之一，都主张子女应尽孝，但细究起来会发现他们在对父子关系的深层认识上存在诸多分歧。

韩非子认为生为人子就必须尽孝，他说："人生必事君养亲"。（《韩非子·忠孝》）不过，韩非子认为在父子关系中起主导作用的因素是利益的考量，道德不起作用。他说："父母之于子也，产男则相贺，产女则杀之。此俱出父母之怀衽，然男子受贺，女子杀之者，虑其后便，计之长利也。故父母之于子也，犹用计算之心以相待也，而况无父子之泽乎！"（《韩非子·六反》）韩非子认为父母生了男孩就庆祝，生了女孩就杀掉，这是由于父母考虑到了

① 相关研究成果可参考: 孙家洲《先秦儒家与法家"忠孝"伦理思想述评》，载《贵州社会科学》1987年第4期; 孙实明《韩非思想新探》，湖北人民出版社1990年版，第121-146页; 张运华：《荀子与韩非人性论的比较》，载《学术界》1991年第4期; 游唤民：《先秦民本思想》，湖南师范大学出版社1991年版，第190-203页; 宋秀丽：《韩非论君臣关系》，载《贵州大学学报》（社会科学版）1993年第3期; 闫明恕：《荀子与韩非性恶论之比较》，载《贵州师范大学学报》（社会科学版）1997年第1期; 康学伟：《先秦孝道研究》，吉林人民出版社2000年版，第205-216页; 施觉怀：《韩非评传》，南京大学出版社2002年版，第181-260页; 韩东育：《日本近世新法家研究》，中华书局2003年版，第289-350页; 王保国：《两周民本思想研究》，学苑出版社2004年版，第289-302页; 徐儒宗：《人和论——儒家人伦思想研究》，人民出版社2006年版，第549-556页; 宋洪兵：《韩非子政治思想再研究纲要》，载《东北师大学报》（哲学社会科学版）2007年第2期。其中，徐儒宗对儒家和法家的人际关系思想进行了比较。不过，以上研究成果很少涉及荀子与韩非子人际关系思想的具体比较。

长远利益，在农业社会男孩长大之后是家庭的继承者和财富的主要创造者，父母到了晚年要依靠儿子赡养，而女孩终究要嫁出去，起不到男孩那么大的作用。韩非子说："人为婴儿也，父母养之简，子长而怨。子盛壮成人，其供养薄，父母怒而诮之。子父至亲也，而或谯或怨者，皆挟相为而不周于为己也。"（《韩非子·外储说左上》）韩非子指出人们在小时候如果得不到父母的善待，长大成人后就会抱怨父母；父母如果得不到好的赡养，就会对子女恼火。可见至亲之间关系的好坏也是个人的利益得失在起着决定性的作用。韩非子认为父子之间甚至可能发生极端的事情：

> 楚庄王之弟春申君有爱妾曰余，春申君之正妻子曰甲，余欲君之弃其妻也，因自伤其身以视君而泣，曰："得为君之妾，甚幸。虽然，适夫人非所以事君也，适君非所以事夫人也。身故不肖，力不足以适二主，其势不俱适，与其死夫人所者，不若赐死君前。妾以赐死，若复幸于左右，愿君必察之，无为人笑。"君因信妾余之诈，为弃正妻。余又欲杀甲而以其子为后，因自裂其亲身衣之里以示君而泣，曰："余之得幸君之日久矣，甲非弗知也，今乃欲强戏余，余与争之，至裂余之衣，而此子之不孝莫大于此矣。"君怒，而杀甲也。故妻以妾余之诈弃，而子以之死。从是观之，父之爱子也，犹可以毁而害也。（《韩非子·奸劫弑臣》）

在韩非子看来虽然父子之间是至亲的关系，但春申君却听信爱妾谗言杀了自己的儿子。可见父子之间并不存在基本的信任。[①]

韩非子认为利益的算计主导了父子关系，基本上不再考虑道德的作用。他说："孝子爱亲，百数之一也。"（《韩非子·难二》）韩非子的这一认识源于他对人的本质特征的把握。韩非子不再理会先秦儒家人性善恶的争论，而是从人情这一新的视角来把握人的本质。[②]他说："人无毛羽，不衣则不犯寒。上不属天，而下不著地，以肠胃为根本，不食则不能活。是以不免于欲利之心，欲利之心不除，其身之忧也。"（《韩非子·解老》）又说："好利恶害，

---

① 《韩非子》一书中关于家庭内部利益计较的记述很多。《韩非子·内储说下六微》载："卫人有夫妻祷者而祝曰：'使我无故，得百束布。'其夫曰：'何少也？'对曰：'益是，子将以买妾。'"又，《韩非子·备内》载："夫妻者，非有骨肉之恩也，爱则亲，不爱则疏。语曰：'其母好者其子抱。'然则其为之反也，其母恶者其子释。丈夫年五十而好色未解也，妇人年三十而美色衰矣。以衰美之妇人事好色之丈夫，则身死见疏贱，而子疑不为后，此后妃夫人之所以冀其君之死者也。唯毋为后而子为王，则令无不行，禁无不止，男女之乐不减于先君，而擅万乘不疑，此鸩毒扼昧之所以用也。"在一般人看来，本来是充满亲情、信任的家庭关系，到了韩非子那里都变成了赤裸裸的利益关系。
② 以往学界大多认为韩非子也是从道德的角度（人性论）把握人的本质特征，但根据韩东育先生的研究成果可知韩非子已经不再纠缠于人性善恶的争论，而是从人情好恶的事实角度把握人的本质特征。详见：韩东育：《日本近世新法家研究》，中华书局2003年版，第289-350页。

夫人之所有也。"（《韩非子·难二》）韩非子认为人的根本特征就是人情好利恶害，这决定了人们在处理人际关系时总是考虑最大限度地增加自身的利益，躲避可能的伤害。韩非子认为人的这一本质特征永远不会发生根本性的变化。他认为不宜对人们好利恶害的本质进行道德上的评价。韩非子说："舆人成舆，则欲人之富贵；匠人成棺，则欲人之夭死也。非舆人仁而匠人贼也，人不贵则舆不售，人不死则棺不买，情非憎人也，利在人之死也。"（《韩非子·备内》）卖车的人总是希望人富贵而卖棺材的人总希望人早点死，但不能说卖车的人就高尚，卖棺材的人就卑劣。他们都是从自身利益出发考虑问题。李泽厚说："韩非把一切都浸入冷冰冰的利害关系的计量中，把社会的一切秩序、价值、关系，人们的一切行为、思想、观念以至情感本身，都还原为归结为冷酷的个人利害。它成了衡量、考察、估计一切的尺度标准。"①从韩非子的人情论出发很容易得出如下结论：利益的考量左右着父子关系。

　　荀子认为人的天性就是好利恶害。他说："饥而欲食，寒而欲暖，劳而欲息，好利而恶害，是人之所生而有也，是无待而然者也，是禹、桀之所同也。"（《荀子·荣辱》）显而易见，荀子的人性判断对韩非子产生了一定的影响。不过荀子进一步对人们好利恶害的特征进行了道德评价，形成了性恶论，而韩非子则不这么做。荀子说："今人之性，生而有好利焉，顺是，故争夺生而辞让亡焉；生而有疾恶焉，顺是，故残贼生而忠信亡焉；生而有耳目之欲，有好声色焉，顺是，故淫乱生而礼义文理亡焉。然则从人之性，顺人之情，必出于争夺，合于犯分乱理而归于暴。"（《荀子·性恶》）荀子认为好利恶害的本性只会诱导人们做出种种恶行。不过，荀子认为尽管人的天性是恶的，但经过礼义教化可以成为善人。他说："枸木必将待櫽栝、烝、矫然后直，钝金必将待砻、厉然后利。今人之性恶，必将待师法然后正，得礼义然后治。"（《荀子·性恶》）韩非子则放弃了利用礼义改造人们道德的努力。

　　荀子认为尽管人性恶，但并不妨碍孝作为一种美德在父子关系中起重要作用。荀子说："今人之性，饥而欲饱，寒而欲暖，劳而欲休，此人之情性也。今人饥，见长而不敢先食者，将有所让也；劳而不敢求息者，将有所代也。夫子之让乎父，弟之让乎兄，子之代乎父，弟之代乎兄，此二行者，皆反于

---

① 李泽厚：《中国思想史论》，上册，安徽文艺出版社 1999 年版，第 101-102 页。

性而悖于情也。然而孝子之道，礼义之文理也。故顺情性则不辞让矣，辞让则悖于情性矣。"（《荀子·性恶》）人固然天性恶，但经过后天礼义的矫正可以克服本性，成为孝子，自觉为亲人着想。韩非子则认为人们好利恶害的本质并不会因为礼义教化而发生变化，他否认道德在父子关系中起作用，只承认利益的作用。荀子和韩非子在这一点上是对立的。

韩非子认为孝子就应该绝对服从父亲的安排，而不应该对父亲有任何的非议。他说："所谓忠臣不危其君，孝子不非其亲"。（《韩非子·忠孝》）又说："夫为人子而常誉他人之亲曰：'某子之亲，夜寝早起，强力生财，以养子孙臣妾。'是诽谤其亲者也。……非其亲者，知谓之不孝"。（《韩非子·忠孝》）韩非子的结论是："臣事君，子事父，妻事夫，三者顺则天下治，三者逆则天下乱。此天下之常道也，明王贤臣而弗易也。"（《韩非子·忠孝》）康学伟说："所谓'顺'，即上下关系不颠倒，下对上要绝对服从，这就是韩非忠孝观的中心。"①

荀子认为儿子固然要孝顺父亲但也要敢于指出父亲的过失，纠正其错误。在荀子看来，父亲的指令如果违背礼义，儿子可以拒不执行，这才算得上真正的孝子。荀子反对儿子绝对服从父亲。他说："入孝出弟，人之小行也；上顺下笃，人之中行也；从道不从君，从义不从父，人之大行也。若夫志以礼安，言以类使，则儒道毕矣，虽舜，不能加毫末于是矣。孝子所以不从命有三：从命则亲危，不从命则亲安，孝子不从命乃衷；从命则亲辱，不从命则亲荣，孝子不从命乃义；从命则禽兽，不从命则修饰，孝子不从命乃敬。故可以从而不从，是不子也；未可以从而从，是不衷也。明于从不从之义，而能致恭敬、忠信、端悫以慎行之，则可谓大孝矣。"（《荀子·子道》）荀子认为父子之间的关系应是父慈子孝，他说："请问为人父？曰：宽惠而有礼。请问为人子？曰：敬爱而致文。"（《荀子·君道》）在荀子看来，父子之间的关系不是单方面的，应该是一种良性的互动。韩非子明显背离了荀子在父子关系上的这些主张，转向强调子对父的绝对服从。②

---

① 康学伟：《先秦孝道研究》，吉林人民出版社 2000 年版，第 215 页。
② 后世的三纲说即源于韩非子的绝对服从的思想。韩非子主张子绝对服从父、臣绝对服从君、妻绝对服从夫。贺麟认为"三纲说的本质在于要求君不君，臣不可以不臣；父不父，子不可以不子；夫不夫，妇不可以不妇。换言之，三纲说要求臣、子、妇尽单方面的忠、孝、贞的绝对义务，以免陷入相对的循环报复，给价还价的不稳定的关系之中。"见：贺麟：《文化与人生》，商务印书馆 2005 年版，第 59 页。

韩非子认为子对父的孝要服从于臣对君的忠。他说："楚之有直躬,其父窃羊而谒之吏。令尹曰:'杀之!'以为直于君而曲于父,报而罪之。以是观之,夫君之直臣,父之暴子也。鲁人从君战,三战三北。仲尼问其故,对曰:'吾有老父,身死,莫之养也。'仲尼以为孝,举而上之。以是观之,夫父之孝子,君之背臣也。故令尹诛而楚奸不上闻,仲尼赏而鲁民易降北。"(《韩非子·五蠹》)从中可以看出韩非子反对子为父隐,反对以尽孝为名临阵脱逃。在韩非子看来父子关系不及君臣关系重要。当尽孝和尽忠发生冲突时,尽忠要优于尽孝。

荀子提出了君恩大于亲恩的观点,他说:"君之丧所以取三年,何也?曰:君者,治辨之主也,文理之原也,情貌之尽也,相率而致隆之,不亦可乎!《诗》曰:'恺悌君子,民之父母。'彼君子者,固有为民父母之说焉。父能生之,不能养之,母能食之,不能教诲之,君者,已能食之矣,又善教诲之者也,三年毕矣哉!乳母,饮食之者也,而三月;慈母,衣被之者也,而九月;君,曲备之者也,三年毕乎哉!得之则治,失之则乱,文之至也;得之则安,失之则危,情之至也。两至者俱积焉,以三年事之犹未足也,直无由进之耳。"(《荀子·礼论》)在君恩大于亲恩这一观点的背后就是君臣关系重于父子关系,尽忠优于尽孝。因此我们有理由说韩非子忠高于孝的思想受到了荀子的影响。只不过,韩非子表达的更为明确、直接。君臣关系重于父子关系的观点有利于冲破血缘至上的旧理念,有利于确立政治公平优先的新理念。当然这种观点迎合了君主专制主义的需要。君臣关系重于父子关系的观点符合专制君主的统治需要。

二、荀子与韩非子在君臣关系认识上的异同

荀子和韩非子在各自的著作中都对君臣关系做了详尽的论述,他们在君臣关系的认识上既有诸多不同之处又有不少契合之处。

韩非子将君臣关系做了彻底功利化的诠释,力图凸显君臣关系的对立和险恶。韩非子认为君臣之间的关系就像市场上买卖双方的关系,进行的是一场利益上的交换,即:"主卖官爵,臣卖智力。"(《韩非子·外储说右下》)

君主设置高官厚禄是为了招来士人为自己所用，而士人之所以踏上仕途是为了个人的功名前途。君臣双方之所以走到一起完全是出于利益上的考虑。韩非子认为君臣之间既然是一种买卖交易的关系自然就少不了利益上的算计。他说："臣尽死力以与君市，君垂爵禄以与臣市，君臣之际，非父子之亲也，计数之所出也。"（《韩非子·难一》）韩非子毫无顾忌地道出了君臣关系中非常真实的一面。

韩非子认为既然君臣双方完全是因为利益的原因走到一起，那么道德是起不了作用的，双方都会为了各自的最大利益算计对方，君臣之间的对立就不可避免。韩非子说："主利在有能而任官，臣利在无能而得事；主利在有劳而爵禄，臣利在无功而富贵；主利在豪杰使能，臣利在朋党用私。"（《韩非子·孤愤》）又说："君臣之利异，故人臣莫忠，故臣利立而主利灭。"（《韩非子·内储说下六微》）韩非子认为君臣之间始终处在一种互相揣摩、猜测的状态中。他说："黄帝有言曰：'上下一日百战。'下匿其私，用试其上；上操度量，以割其下。"（《韩非子·扬权》）因此君主就不要指望臣下会主动爱君尽忠，韩非子说："圣人之治国也，固有使人不得不爱我之道，而不恃人之以爱为我也。恃人之以爱为我者危矣，恃吾不可不为者安矣。"（《韩非子·奸劫弑臣》）自然，君主就不应信任自己的臣下，韩非子说："人主之患在于信人，信人则制于人。"（《韩非子·备内》）韩非子认为只要君主信任他人就会受制于人，没有人可以成为君主信任的对象。

因为任何人都不可信，所以韩非子提出君主要采用各种手段制服自己的臣下。在韩非子看来，君主必须牢牢地掌握住手中的赏罚大权，绝不能假手于人，否则必将为人所制：

明主之所导制其臣者，二柄而已矣。二柄者，刑、德也。何谓刑德？曰：杀戮之谓刑，庆赏之谓德。为人臣者畏诛罚而利庆赏，故人主自用其刑德，则群臣畏其威而归其利矣。故世之奸臣则不然，所恶则能得之其主而罪之，所爱则能得之其主而赏之。今人主非使赏罚之威利出于己也，听其臣而行其赏罚，则一国之人皆畏其臣而易其君，归其臣而去其君矣。此人主失刑、德之患也。夫虎之所以能服狗者，爪牙也，使虎释其爪牙而使狗用之，则虎反服于狗矣。人主者，以刑、德制臣者也，今君人者，释其刑、德而使臣用之，则君反制于臣矣。故田常上请爵禄而行之群臣，下大斗斛而施于百姓，此简公失德而田常用之也，故简公见弑。子罕谓宋君曰："夫庆赏赐予者，民之所喜也，君自行之；杀戮刑罚者，民之所恶也，臣请当之。"于是宋君失刑而子罕用之，故宋君见劫。田常徒用德而简公弑，子罕徒用刑而宋君劫。故今世为人臣者兼刑、德而用之，则是世主之危甚于简公、宋君也。故劫杀拥蔽之主，非失刑、德而使臣用之而不危亡者，则未尝有也。（《韩非子·二柄》）

在韩非子看来赏罚大权是君主控制大臣的有力武器，缺少其中任何一方面都会危及君主的权势。齐简公、宋君之所以丧失自己的地位就是因为没有把赏罚大权全部掌握在自己手中。

韩非子认为君主要运用法、术驾驭臣下，但法、术的功能不同："法者，编著之图籍，设之于官府，而布之于百姓者也。术者，藏之于胸中，以偶众端，而潜御群臣者也。故法莫如显，而术不欲见。是以明主言法，则境内卑贱莫不闻知也，不独满于堂；用术，则亲爱近习莫之得闻也，不得满室。"（《韩非子·难三》）法律要公布于众，但权术必须深藏心中，绝不能外露。君主个人的好恶也绝不能外露，韩非子说："去好去恶，臣乃见素；去旧去智，臣乃自备。"（《韩非子·主道》）君主只有不露自己的好恶才能看清手下官员的真面目，不给他们可乘之机。君主一旦把自己的好恶流露出来，臣下就会投其所好，迎合君主，谋取私利。

韩非子认为君主必须要削弱大臣的权势，避免造成尾大不掉之势。他说："为人君者，数披其木，毋使木枝扶疏；木枝扶疏，将塞公闾，私门将实，公庭将虚，主将壅围。数披其木，无使木枝外拒；木枝外拒，将逼主处。数披其木，毋使枝大本小；枝大本小，将不胜春风，不胜春风，枝将害心。"（《韩非子·扬权》）韩非子认为大臣权势过重就一定会威胁君主。因此为了巩固君权就必须限制大臣的权势。在韩非子看来，君主要不计手段控制乃至除掉对自己构成威胁的大臣。他说："官袭节而进，以至大任，智也。其位至而任大者，以三节持之：曰质，曰镇，曰固。亲戚妻子，质也；爵禄厚而必，镇也；参伍贵帑，固也。贤者止于质，贪饕化于镇，奸邪穷于固。忍不制则下上，小不除则大诛，而名实当则径之。生害事，死伤名，则行饮食；不然，而与其雠。此谓除阴奸也。"（《韩非子·八经》）韩非子认为君主为达目的，任何阴狠的手段都可以派上用场。在韩非子看来，扣押人质、暗中下毒、借刀杀人都是君主可以利用的手段。韩非子认为君主应鼓励手下的官员互相揭发。他说："明君之道，贱得议贵，下必坐上"。（《韩非子·八说》）韩非子认为国君要想坐稳江山就必须让大臣之间互相牵制。他举出了齐桓公的用人事例：

> 齐桓公将立管仲，令群臣曰："寡人将立管仲为仲父，善者入门而左，不善者入门而右。"东郭牙中门而立。公曰："寡人立管仲为仲父，令曰：'善者左，不善者右。'今子何为中门而立？"牙曰："以管仲之智，为能谋天下乎？"公曰："能。""以断，为敢行大事乎？"公曰："敢。"牙曰："君知能谋天下，断敢行大事，君因专属之国柄焉；以管仲之能，乘公之势以治齐国，得无危乎？"公曰："善。"乃令隰朋治内，管仲治外，以相参。（《韩非子·外储说左下》）

在韩非子看来，齐桓公用人的成功之处就在于让隰朋与管仲互相制约，从而避免了大臣专权。[①]

荀子提倡忠君，认为道德在君臣关系中发挥着重要作用。他说："请问为人君？曰：以礼分施，均遍而不偏。请问为人臣？曰：以礼侍君，忠顺而不懈。"（《荀子·君道》）君主要以礼待臣，公正无私；臣下要以礼待君，忠诚不懈。而韩非子则否认了道德在君臣关系中的作用。

在荀子看来，国君要掌握一定的权力制衡之术，广布自己的亲信耳目，监视手下的官员，以巩固君位：

> 墙之外，目不见也；里之前，耳不闻也；而人主之守司，远者天下，近者境内，不可不略知也。天下之变，境内之事，有弛易齵差者矣，而人主无由知之，则是拘胁蔽塞之端也。耳目之明，如是其狭也；人主之守司，如是其广也；其中不可以不知也，如是其危也。然则人主将何以知之？曰：便嬖左右者，人主之所以窥远收众之门户牖向也，不可不早具也。故人主必将有便嬖左右足信者然后可，其知惠足使规物、其端诚足使定物然后可，夫是之谓国具。（《荀

① 韩非子本来是为了给君主出谋划策，帮助君主控制手下的官员，但把这些权谋形成文字并流传于世的做法却起到了意想不到的作用。刘泽华先生说："韩非的主张无疑符合君主的口味，但是他把君主公开置于与一切人对立之中，从而又使君主陷于孤立。韩非最真实地揭开了君臣君民之间关系的帷幕。不揭开这个帷幕，双方都缺乏自觉性，遭了殃都不知原因在哪里；可是一旦揭开这个帷幕，又使双方处在了恐怖之中。这对维护君主的统治又带来了副作用。"见：刘泽华《中国政治思想史集》，第1卷，人民出版社2008年版，第213页。

子·君道》)

　　荀子认为君主多是常人，能力有限，而治理的范围又是如此之大。君主如果无法获得充足的信息来了解国内的事态就会陷入蔽塞和危险之中。因此，荀子认为君主必须有自己的亲信耳目，这些人的职责就是收集国内情报，监督各级官吏。有了这些人员，君主就不用担心因信息蔽塞而陷入被动之中。这是典型的权力制衡之道。虽然荀子认为君主治理臣下要有一定的手腕，但他关于权术的论述远不及韩非子论述得那么周密、阴狠。荀子力图守住儒家道德的底线，而韩非子则不再顾及这一点。韩非子认为国君为达目的可以不择手段。

　　韩非子认为君主必须严格按照能力的大小选拔官员，绝不能任人唯亲，推崇政治公平的原则。他说："圣王明君则不然，内举不避亲，外举不避雠。是在焉从而举之，非在焉从而罚之。是以贤良遂进而奸邪并退，故一举而能服诸侯。"（《韩非子·说疑》）韩非子认为道德因素并不重要因为臣下为忠还是为奸取决于君主的能力。君主控制的好，官员为忠臣，控制不好，官员为奸臣。韩非子说："明主在上，则人臣去私心行公义。乱主在上，则人臣去公义行私心"。（《韩非子·饰邪》）

　　荀子认为君主应坚持任人唯贤的原则选拔官员，他认为君主在选拔人才时应做到："论德而定次，量能而授官，皆使其人载其事而各得其所宜。上贤使之为三公，次贤使之为诸侯，下贤使之为士大夫"。（《荀子·君道》）荀子反对世卿世禄制，认为国君在选拔官员时应不计门第出身，按照礼义，根据人们品德的高下、才能的大小，录用人才。他说："虽王公士大夫之子孙也，不能属于礼义，则归之庶人。虽庶人之子孙也，积文学，正身行，能属于礼义，则归之卿相士大夫。"（《荀子·王制》）在国君选用人才的问题上，荀子与韩非子均反对任人唯亲，提倡政治公平。他们都看重个人的能力。不同之处在于，荀子认为个人品德应成为选拔官员的重要依据，而韩非子则基本上排除了该因素。

　　韩非子对士人与君主相处的艰难有清醒的认识。韩非子专门探讨了士人说服国君的困难，他说："所说出于为名高者也，而说之以厚利，则见下节而遇卑贱，必弃远矣。所说出于厚利者也，而说之以名高，则见无心而远事情，必不收矣。所说阴为厚利而显为名高者也，而说之以名高，则阳收其身而实疏之；说之以厚利，则阴用其言显弃其身矣。此不可不察也。"（《韩非子·说难》）韩非子认为士人必须准确地把握君主的内心世界，采取相应的对策，否则就会仕途无望，四处碰壁。韩非子说："夫龙之为虫也，柔可狎而骑也；然其喉下有逆鳞径尺，若人有婴之者，则必杀人。人主亦有逆鳞，说者能无婴人主之逆鳞，则几矣！"（《韩非子·说难》）游说君主的艰险被韩非子刻画的淋漓尽致。韩非子提出了士人游说君主的方法："凡说之务，在知饰所说之所矜而灭其所耻。彼有私急也，必以公义示而强之。其意有下也，然而不能已，说者因为之饰其美而少其不为也。其心有高也，而实不能及，说者为之举其过而见其恶而多其不行也。有欲矜以智能，则为之举异事之同类者，多为之地；使之资说于我，而佯不知也以资其智。欲内相存之言，则必以美名明之，而微见其合于私利也。欲陈危害之事，则显其毁诽，而微见其合于私患也。誉异人与同行者，规异事与同计者。有与同污者，则必以大饰其无伤也；有与同败者，则必以明饰其无失也。彼自多其力，则毋以其难概之也；自勇其断，则无以其谪怒之；自智其计，则毋以其败穷之。大意无所拂悟，辞言无所系縻，然后极骋智辩焉。此道所得亲近不疑而得尽辞也。"（《韩非子·说难》）可见，韩非子并没有因为君心难测而放弃努力。

　　荀子早就指出了游说君主的难处："凡说之难，以至高遇至卑，以至治接至乱。未可直至也，远举则病缪，近世则病佣。"（《荀子·非相》）士人游说君主的难处就在于他们要用最高深的道理去劝说那些最鄙陋的君主，用最好的治国之道去说服那些最善于把国家搞乱的君主。当士人用远古的事例进行游说时，君主容易感到荒谬不可信；当士人用近世的事例进行游说时，君主又会感到庸俗不堪。荀子提出了士人的应对方针："善者于是间也，亦必远举而不缪，近世而不佣，与时迁徙，与世偃仰，缓急嬴绌，府然若渠匽檃栝之于己也，曲得所谓焉，然而不折伤。"（《荀子·非相》）荀子和韩非子都认识到了士人游说君主的艰难以及君臣相处的不易。他们都没有被艰难吓到，都提出了相应的应对策略。不过，韩非子在荀子的基础上做了更深入更全面的阐述。荀子在论及应对策略时还顾及道德原则，而韩非子则摆脱了道德的束缚。

三、荀子与韩非子在君民关系认识上的异同

荀子与韩非子在君民关系的根本认识上是一致的，都主张君主要为民谋利，但在君主如何治理民众的问题上却有不同的认识。

韩非子认为人民目光短浅，根本看不到长远利益所在。他说："今不知治者必曰：'得民之心。'欲得民之心而可以为治，则是伊尹、管仲无所用也，将听民而已矣。民智之不可用，犹婴儿之心也。夫婴儿不剔首则腹痛，不揊痤则浸益，剔首、揊痤必一人抱之，慈母治之，然犹啼呼不止，婴儿子不知犯其所小苦，致其所大利也。今上急耕田垦草以厚民产也，而以上为酷；修刑重罚以为禁邪也，而以上为严；征赋钱粟以实仓库，且以救饥馑、备军旅也，而以上为贪；境内必知介而无私解，并力疾斗，所以禽虏也，而以上为暴。此四者所以治安也，而民不知悦也。夫求圣通之士者，为民知之不足师用。昔禹决江濬河，而民聚瓦石；子产开亩树桑，郑人谤訾。禹利天下，子产存郑，皆以受谤，夫民智之不足用亦明矣。"（《韩非子·显学》）在韩非子看来，民众就如同婴儿一样幼稚，无法理解统治者的深谋远虑。正因为民众如此的见识短浅，缺乏政治眼光，所以政治治理必须依靠有政治眼光的统治者。

作为韩非子的老师，荀子早就对民众下了无知无德的评价："人论：志不免于曲私而冀人之以己为公也，行不免于汙漫而冀人之以己为修也，其愚陋沟瞀而冀人之以己为知也，是众人也。志忍私然后能公，行忍情性然后能修，知而好问然后能才，公修而才，可谓小儒矣。志安公，行安修，知通统类，如是则可谓大儒矣。大儒者，天子三公也。小儒者，诸侯大夫士也。众人者，工农商贾也。"（《荀子·儒效》）荀子认为民众道德低下、愚昧无知。这样的人只能成为政治治理的对象。国家事务要由德才兼备的精英来处理，也即他所说的大儒小儒。荀子对民众的认识无疑影响了韩非子。只是韩非子着力凸显民众的无知，基本上不再提及民众的道德修养。

韩非子认为君主执政应该从人民的利益出发。他说："圣人之治民，度于本，不从其欲，期于利民而已。"（《韩非子·心度》）韩非子指出国家治乱兴衰的责任在国君个人，他说："世之所以不治者，非下之罪，上失其道也。"（《韩

非子·诡使》)韩非子认为君主自身必须严格守法,"人主虽使人必以度量准之,以刑名参之;以事遇于法则行,不遇于法则止;功当其言则赏,不当则诛。"(《韩非子·难二》)在韩非子看来,君主地位的稳定在于人民的拥护,他说:"人主者,天下一力以共载之,故安;众同心以共立之,故尊"。(《韩非子·功名》)因此君主要想确保自己的地位就必须为民谋利,否则就可能被推翻。

看似冷酷无情的韩非子其实也抱着强烈的救世济民理念,《韩非子·问田》载:"堂谿公谓韩子曰:'臣闻服礼辞让,全之术也;修行退智,遂之道也。今先生立法术,设度数,臣窃以为危于身而殆于躯。何以效之?所闻先生术曰:"楚不用吴起而削乱,秦行商君而富彊,二子之言已当矣,然而吴起支解而商君车裂者,不逢世遇主之患也。"逢遇不可必也,患祸不可斥也。夫舍乎全遂之道而肆乎危殆之行,窃为先生无取焉。'韩子曰:'臣明先生之言矣。夫治天下之柄,齐民萌之度,甚未易处也。然所以废先王之教,而行贱臣之所取者,窃以为立法术,设度数,所以利民萌,便众庶之道也。故不惮乱主闇上之患祸,而必思以齐民萌之资利者,仁智之行也。惮乱主闇上之患祸,而避乎死亡之害,知明夫身而不见民萌之资利者,贪鄙之为也。臣不忍向贪鄙之为,不敢伤仁智之行,先生有幸臣之意,然有大伤臣之实。'"堂谿公指出法家参与政治的下场往往很悲惨,意在提醒韩非子不要重演吴起商鞅的悲剧。韩非子则认为只要有利于民众的利益,可以不顾个人的利害得失。这体现了法家以民为本的救世精神。①

荀子早就明确提出了立君为民的观点,他说:"天之生民,非为君也。天之立君,以为民也。故古者列地建国,非以贵诸侯而已;列官职,差爵禄,非以尊大夫而已。"(《荀子·大略》)又说:"马骇舆则君子不安舆,庶人骇政则君子不安位。马骇舆则莫若静之,庶人骇政则莫若惠之。选贤良,举笃敬,兴孝弟,收孤寡,补贫穷,如是,则庶人安政矣。庶人安政,然后君子安位。传曰:'君者,舟也;庶人者,水也。水则载舟,水则覆舟。'"(《荀子·王制》)荀子和他的学生韩非子都是民本主义者。他们一方面认为君主应该为民谋利,另一方面认为君主统治的稳定与否取决于民心的向背。

在君主如何治理民众的问题上,韩非子认为君主只要依靠法律,运用赏

---

① 在这里,韩非子本人摆脱了人情好利恶害的束缚。这可视为他理论体系中的一个矛盾。

罚就可以治理好民众，不运用赏罚就无法治理好民众。① 他说："夫民之性恶劳而乐佚，佚则荒，荒则不治，不治则乱，而赏刑不行于天下者必塞。"（《韩非子·心度》）他还为轻罪重罚做了辩护："行刑重其轻者，轻者不至，重者不来，此谓以刑去刑。罪重者刑轻，刑轻则事生，此谓以刑致刑，其国必削。"（《韩非子·饬令》）在韩非子看来，轻罪重罚是为了让民众远离犯罪。韩非子的政治学说具有强烈的现实主义色彩，他说："古者有谚曰：'为政犹沐也，虽有弃发必为之。' 爱弃发之费，而忘长发之利，不知权者也。夫弹痤者痛，饮药者苦；为苦恚之故不弹痤饮药，则身不活病不已矣。"（《韩非子·六反》）又说："法所以制事，事所以名功也。法立而有难，权其难而事成则立之；事成而有害，权其害而功多则为之。无难之法，无害之功，天下无有也。"（《韩非子·八说》）韩非子认为任何法律都不可避免要带来一定的负面效应，现实中没有十全十美的政治。

韩非子在推崇依法治国的同时，也考虑到了法律的可行性。韩非子认为法律必须让民众容易理解掌握，绝不能晦涩难懂。他说："微妙之言，上智之所难知也。今为众人法，而以上智之所难知，则民无从识之矣。"（《韩非子·五蠹》）韩非子认为法律规定的奖赏应是人们都可以拿到的；法律规定的惩罚应是人们都可以避免的。他说："明主立可为之赏，设可避之罚。"（《韩非子·用人》）在韩非子看来，制定法律时必须考虑到人们的承受能力。

韩非子认为在治理民众时仁义道德所起的作用微乎其微，民众只敬畏权势。他说："民者固服于势，寡能怀于义。仲尼，天下圣人也，修行明道以游海内，海内说其仁美其义，而为服役者七十人。盖贵仁者寡，能义者难也。故以天下之大，而为服役者七十人，而仁义者一人。鲁哀公下主也，南面君国，境内之民莫敢不臣，民者固服于势。势诚易以服人，故仲尼反为臣，而哀公顾为君。仲尼非怀其义，服其势也。故以义则仲尼不服于哀公，乘势则哀公臣仲尼。"（《韩非子·五蠹》）又说："今有不才之子，父母怒之弗为改，乡人谯之弗为动，师长教之弗为变。夫以父母之爱，乡人之行，师长之智，三美加焉而终不动，其胫毛不改；州部之吏，操官兵，推公法而求索奸人，

---

① 梁启超认为法家主张法律万能，结果却是君主万能，因为"造法的权在什么人，变法废法的权自然也在那人。君主承认的便算法律，他感觉不便时，不承认他，当然失了法律的资格。"见：梁启超：《先秦政治思想史》，天津古籍出版社 2003 年版，第 256 页。

然后恐惧，变其节，易其行矣。"（《韩非子·五蠹》）韩非子指出孔子的仁义固然理想但是天下能响应的人却寥寥无几。孔子固然在道德上高于鲁哀公，但人民却服从于有权势的鲁哀公。不才之子不惧父母、乡人、师长但却害怕强势的官府。因此韩非子认为可以忽略礼义教化的作用，管理人民要依靠权势和强制手段。

在君主如何治理民众的问题上，荀子继承了儒家德主刑辅的基本理念。荀子认为君主只有做到了礼法兼用才能治理好民众。荀子说："隆礼至法则国有常，尚贤使能则民知方，纂论公察则民不疑，赏克罚偷则民不怠，兼听齐明则天下归之。"（《荀子·君道》）又说："不教而诛，则刑繁而邪不胜；教而不诛，则奸民不惩；诛而不赏，则勤勉之民不劝；诛赏而不类，则下疑俗险而百姓不一。故先王明礼义以壹之，致忠信以爱之，尚贤使能以次之，爵服庆赏以申重之，时其事、轻其任以调齐之，潢然兼覆之，养长之，如保赤子。若是，故奸邪不作，盗贼不起，而化善者劝勉矣。"（《荀子·富国》）荀子认为经过礼义教化大部分人是可以从善的，刑罚只是针对少数的顽固不化分子。荀子的治民理念就是："以善至者待之以礼，以不善至者待之以刑。"（《荀子·王制》）韩非子则放弃了荀子礼法兼用的治民理念，转向专任刑律的法家理念。其实，任何国家要想搞好政治治理都离不开道德的教化和法律的惩戒。韩非子低估了礼乐教化的重要性，高估了刑律在治国安民中的作用。从传统中国农业社会的实情出发，还是儒家德主刑辅的主张更符合实际。

结　语

　　荀子构建的人际关系思想是针对春秋战国以来人际关系混乱的现实而发的。他的人际关系思想首先是建立在批判继承先秦儒家的基础上。从春秋末期的孔子到战国中后期的孟子都视父子关系为最重要的人际关系。这体现了儒家思想重血缘、重亲情、重家庭的特征。孔孟均认为当其他因素与维护父子亲情发生冲突时，必须优先保证父子关系不受损。自然，在孔孟的思想体系中，孝道的地位是至高无上的。荀子则一改先秦儒家既有的做法，提出了君恩重于亲恩的观点，父子关系的优先地位让位给君臣关系，孝道的地位也随之下滑，从属于礼的安排。荀子这样做并不是不重视孝道，而是站在政治人——士的立场上考虑问题。春秋战国时期，家国合一的封建体制走向崩溃，君主专制制度和官僚制度逐步确立。士人的政治前途牢牢地掌握在专制君主手中。因此，士人阶层对君主有严重的依赖性。荀子敢于直面现实，对儒家不合时宜的理论进行删改。荀子所做的一切都是为了使儒家学说适应君主专制下的政治实情。荀子对孝道的降格处理有利于破除血缘至上的旧理念并确立政治公平优先的新理念。孔孟主张士人应该择君而事，追求君臣关系的对等性，而荀子则认为士人可以和任何类型的君主合作，并将带有尊君卑臣色彩的术的内容引进了君臣关系的论述中。相对于孔孟在君臣关系上的理想主义主张，荀子的主张的确倒退了不少，荀子更多考虑到了君主的利益和感受，但这是改造儒家理论所必须做出的退让。荀子的退让不是没有原则的，他力图守住基本的道德底线。这真实反映了士人在君主专制制度和官僚政治面前的窘态和无奈。在君民关系的认识上，荀子与孔孟没有根本的分歧，均是民本主义者。他们一方面认为君主应该以民为本，为民谋利，这是君主统治的正当性基础；另一方面认为民众无德无知，根本没有资格参与政治，国家的管理要靠君主及其手下官员。

　　在人际关系的认识上，荀子与墨子、庄子、韩非子既有重要共识，又有严重分歧。荀子和墨子均主张子孝臣忠，但墨子主张爱无差等的兼爱理念，而荀子则坚持儒家爱有差等的原则。在君民关系上，荀子和墨子一样主张君主应爱护人民，又都认为人民没有能力参与国家的治理，国家的治理是以国君为首的统治者的事情。荀子和庄子在父子关系上都主张儿女应孝敬父母，但庄子认为人的天性淳朴，无需礼义的教化就能做到自觉尽孝，而荀子则认为只有经过礼义教化才能塑造出孝子。庄子认为现实中的君主都无可救药，士人入仕不但起不到积极的作用反而可能搭上自己的性命。荀子则不像庄子那样悲观，他主张士人积极入仕，通过君臣合作去改变现实。荀子和庄子都认为君主应善待人民，但庄子认为理想的君民关系只存在于文明社会到来之前的自然状态中，而荀子则认为文明社会之前的人际关系处在一片混乱之中，在文明社会中才能建立起理想的君民关系。荀子和韩非子都主张为人子当尽孝、为人臣当尽忠。荀子认为经过礼义教化，道德可以在人际交往中起到重要作用。而韩非子却认为人际关系就是赤裸裸的利益交换关系，道德根本起不了作用。在君民关系的认识上，荀子和韩非子一方面认为国君应为民谋利，另一方面认为人民见识短浅、没有政治眼光，政治治理是国君及其手下官员的职责。在君主如何治理民众的问题上，荀子主张君主应当礼法兼用，而韩非子则认为君主只要依靠法律就能治理好人民，礼义教化无助于政治治理。

　　儒家墨家道家法家都将父子、君臣、君民这三种人际关系视为最基本、最重要的人际关系。如果不计较他们的深层理念，他们在儿女应该孝顺父母的问题上是一致的。儒家墨家法家都主张士人应积极介入政治，为君尽忠，建立一个理想的社会。只有庄子抱着崇尚自然的理念认为现实政治无法改变，拒绝与君主合作。在君民关系上，儒家墨家道家法家都主张君主应善待人民。他们均认为君主统治的正当性在于君主为民谋利。儒家墨家法家均认为人民没有参与政治的能力，他们只能成为政治治理的对象。① 政治治理只能依靠君主和士人。因而在先秦诸子中不会产生以人数多少决定政治是非的理念，人民作为最大的社会群体是被排斥在政治治理之外的。儒家墨家法家也都提

① 只有道家的庄子认为在文明社会到来之前，民众虽然无知无欲，但却无须君主的刻意治理，就能过着田园般的理想生活，且没有任何人际交往上的纷争。庄子的这种思想是在对文明社会极端失望之后产生的一种幻想，这对批判文明社会的弊端有重要的意义，但不具有任何的可行性。

出了一些限制君权的想法。不过这些想法通常只是一种道德上的警戒。他们都指出如果君民关系恶化,君主的地位就会动摇乃至丧失。儒家肯定汤武革命,墨家提出上天会根据君主表现的好坏进行奖惩,法家指出了那么多君臣易位的事例。但是他们没有在制度层面提出任何有效的制约君权的措施。从古代中国的民本思想中不能自然导出近代的民主理念。出现这样的情况,主要是由于历史条件的局限。进入先秦思想家视野的政体只有君主制,没有其他的政体供他们比较研究。

诸子对人际关系的把握与他们对人的整体把握分不开。孔子、孟子从寻找善的内在来源出发,肯定人天生有善的内在根据。孟子性善论的出台决定了他侧重从唤醒人的内在自觉来处理人际关系,而不是依靠外在强制。荀子则从寻找恶的内在来源出发,认定人的天性趋恶。性恶论的推出决定了荀子格外重视外在强制因素在人际交往中的作用。墨子虽然未直言人性问题,但从他对人类初始状态的描绘中可以隐约地推出他倾向于人性恶。因此墨子重视用强制力量来解决人际交往问题。庄子从崇尚自然的理念出发,认定人的天性淳朴自足,在未经文明侵袭之前人际关系处在一片和谐之中,文明的到来反而破坏了这种理想状态。韩非子不再从道德的角度把握人的特征,而是从事实角度把握社会中的人,形成了人情好利恶害论。因此韩非子基本上不再顾及道德在人际交往中的作用,走上了利益决定论的道路,强制力量的作用备受推崇。

诸子的人际关系理论在很大程度上是围绕着家和国两个层面展开,通过阐述各自的具体主张,基本上完成了士人的价值选择和人生定位。在家的层面上主要是围绕着父子关系展开,在国的层面上是围绕着君臣、君民关系展开。

如果以今天的标准来评判荀子的人际关系思想,我们不难发现荀子一些具体主张的落后、错误。而真正重要的问题是,我们应该将荀子置于他所处的社会背景中,看他的主张是否符合当时的社会实际,在多大程度上解决了他试图解决的问题。如果以此为出发点,我们应当承认荀子在综合诸家学说的基础上较好地回答了那个时代人际关系秩序重建的问题。荀子的某些主张至今仍具有一定的现实意义。

参考文献

古籍类著作:

1. 王天海:《荀子校释》,上海古籍出版社 2005 年版。

2. 王先谦:《荀子集解》,中华书局 1988 年版。

3. 王先慎:《韩非子集解》,中华书局 1998 年版。

4. 王守仁:《王阳明全集》,上册,上海古籍出版社 1992 年版。

5. 王聘珍:《大戴礼记解诂》,中华书局 1983 年版。

6. 归有光:《震川先生集》,上册,上海古籍出版社 1981 年版。

7. 四库全书研究所整理:《钦定四库全书总目》,上册,中华书局 1997 年版。

8. 司马迁:《史记》,中华书局 2006 年版。

9. 朱熹集注:《四书》,上海古籍出版社 1995 年版。

10. 向宗鲁:《说苑校证》,中华书局 1987 年版。

11. 刘向编集:《战国策》,齐鲁书社 2005 年版。

12. 许维遹:《韩诗外传集释》,中华书局 1980 年版。

13. 李泽厚:《论语今读》,生活·读书·新知三联书店 2004 年版。

14. 李梦生:《左传译注》,上海古籍出版社 2004 年版。

15. 李零:《郭店楚简校读记》,中国人民大学出版社 2007 年版。

16. 杨伯峻:《论语译注》,中华书局 2009 年版。

17. 杨伯峻:《孟子译注》,中华书局 2005 年版。

18. 杨柳桥:《荀子诂译》,齐鲁书社 2009 年版。

19. 吴毓江:《墨子校注》,中华书局 1993 年版。

20. 张觉:《荀子译注》,上海古籍出版社 1995 年版。

21. 陈奇猷:《吕氏春秋校释》,学林出版社 1984 年版。

22. 陈鼓应:《老子注译及评介》,中华书局 2009 年版。

23. 屈守元、常思春主编:《韩愈全集校注》,第 5 册,四川大学出版社 1996 年版。

24. 班固：《汉书》，中华书局 2007 年版。

25. 郭庆藩：《庄子集释》，中华书局 2004 年版。

26. 黄汝成：《日知录集释》，中册，上海古籍出版社 2006 年版。

27. 凌廷堪：《校礼堂文集》，中华书局 1998 年版。

28. 程颢、程颐：《二程集》，上册，中华书局 2004 年版。

29. 谭嗣同：《仁学》，华夏出版社 2002 年版。

30. 黎靖德编：《朱子语类》，第 8 册，中华书局 1986 年版。

学术专著：

1. 马积高：《荀学源流》，上海古籍出版社 2000 年版。

2. 王长坤：《先秦儒家孝道研究》，巴蜀书社 2007 年版。

3. 王廷洽：《荀子答客问》，上海人民出版社 1997 年版。

4. 王宏斌：《中国帝王术——〈韩非子〉与中国文化》，河南大学出版社 1995 年版。

5. 王绍光：《民主四讲》，生活·读书·新知三联书店 2008 年版。

6. 王保国：《两周民本思想研究》，学苑出版社 2004 年版。

7. 王海明：《新伦理学》，商务印书馆 2001 年版。

8. 王博：《庄子哲学》，北京大学出版社 2004 年版。

9. 王颖：《荀子伦理思想研究》，黑龙江人民出版社 2006 年版。

10. 韦政通：《荀子与古代哲学》，台湾商务印书馆 1992 年版。

11. 方尔加：《荀子新论》，中国和平出版社 1993 年版。

12. 方朝晖：《文明的毁灭与新生》，中国人民大学出版社 2011 年版。

13. 孔繁：《荀子评传》，南京大学出版社 1997 年版。

14. 白奚：《先秦哲学沉思录》，中国社会科学出版社 2007 年版。

15. 乐国安主编：《当前中国人际关系研究》，南开大学出版社 2002 年版。

16. 冯友兰：《中国哲学史》，华东师范大学出版社 2000 年版。

17. 冯友兰：《中国哲学史新编》，上卷，人民出版社 2007 年版。

18. 冯友兰：《中国哲学简史》，涂又光译，北京大学出版社 1996 年版。

19. 朱伯崑：《先秦伦理学概论》，北京大学出版社 1984 年版。

20. 任继愈主编：《中国哲学史》，第 1 册，人民出版社 1996 年版。

21. 刘泽华：《中国政治思想史集》，人民出版社 2008 年版。

22. 刘泽华：《先秦士人与社会》，天津人民出版社 2004 年版。

23. 刘鄂培：《孟子大传》，清华大学出版社 1998 年版。

24. 江心力：《20 世纪前期的荀学研究》，中国社会科学出版社 2005 年版。

25. 许倬云：《中国古代社会史论》，邹水杰译，广西师范大学出版社 2006 年版。

26. 孙实明：《韩非思想新探》，湖北人民出版社 1990 年版。

27. 李亚彬：《道德哲学之维——孟子荀子人性论比较研究》，人民出版社 2007 年版。

28. 李泽厚：《历史本体论·己卯五说》，生活·读书·新知三联书店 2006 年版。

29. 李泽厚：《中国思想史论》，安徽文艺出版社 1999 年版。

30. 李泽厚：《实用理性与乐感文化》，生活·读书·新知三联书店 2005 年版。

31. 李振宏：《圣人箴言录——〈论语〉与中国文化》，河南大学出版社 1995 年版。

32. 李德永：《荀子——公元前三世纪中国唯物主义哲学家》，上海人民出版社 1959 年版。

33. 杨泽波：《孟子与中国文化》，贵州人民出版社 2000 年版。

34. 杨荣国：《中国古代思想史》，人民出版社 1973 年版。

35. 杨荣国主编：《简明中国哲学史》，人民出版社 1975 年版。

36. 杨宽：《战国史》，上海人民出版社 1955 年版。

37. 肖萐父、李锦全：《中国哲学史》，人民出版社 1982 年版。

38. 肖群忠：《孝与中国文化》，人民出版社 2001 年版。

39. 吴乃恭：《儒家思想研究》，东北师范大学出版社 1988 年版。

40. 吴树勤：《礼学视野中的荀子人学》，齐鲁书社 2007 版。

41. 何怀宏：《伦理学是什么》，北京大学出版社 2002 年版。

42. 余英时：《士与中国文化》，上海人民出版社 2003 年版。

43. 余英时：《中国思想传统的现代诠释》，江苏人民出版社 2003 年版。

44. 余英时：《现代儒学的回顾与展望》，生活·读书·新知三联书店 2004 年版。

45. 汪文学：《传统人伦关系的现代诠释》，贵州民族出版社 2004 年版。

46. 汪国栋：《荀况天人系统哲学探索》，广西人民出版社 1987 年版。

47. 沙莲香主编：《社会心理学》，中国人民大学出版社 2002 年版。

48. 张岂之主编：《中国思想史》，西北大学出版社 1993 年版。

49. 张纯、王晓波：《韩非思想的历史研究》，中华书局 1986 年版。

50. 张岱年：《中国伦理思想研究》，江苏教育出版社 2009 年版。

51. 张岱年：《中国哲学大纲》，江苏教育出版社 2005 年版。

52. 张曙光：《外王之学——〈荀子〉与中国文化》，河南大学出版社 1995 年版。

53. 张灏：《幽暗意识与民主传统》，新星出版社 2010 年版。

54. 陆建华：《荀子礼学研究》，安徽大学出版社 2004 年版。

55. 陈文洁：《荀子的辩说》，华夏出版社 2008 年版。

56. 陈来：《孔夫子与现代世界》，北京大学出版社 2011 年版。

57. 陈奇猷、张觉：《韩非子导读》，巴蜀书社 1990 年版。

58. 陈鼓应：《老庄新论》，商务印书馆 2008 年版。

59. 金耀基：《中国民本思想史》，法律出版社 2008 年版。

60. 郑杭生主编：《社会学概论新修》，中国人民大学出版社 2003 年版。

61. 郑杰文：《中国墨学通史》，上册，人民出版社 2006 年版。

62. 赵吉惠：《21 世纪儒学研究的新拓展》，社会科学文献出版社 2004 年版。

63. 胡玉衡、李育安：《荀况思想研究》，中州书画社 1983 年版。

64. 胡适：《中国哲学史大纲》，东方出版社 2004 年版。

65. 侯外庐、赵纪彬、杜国庠：《中国思想通史》，第 1 卷，人民出版社 1957 年版。

66. 侯外庐：《中国古代思想学说史》，辽宁教育出版社 1998 年版。

67. 施觉怀：《韩非评传》，南京大学出版社 2002 年版。

68. 姜广辉主编：《经学今诠四编》，辽宁教育出版社 2004 年版。

69. 贺麟：《文化与人生》，商务印书馆 2005 年版。

70. 夏甄陶：《论荀子的哲学思想》，上海人民出版社 1979 年版。

71. 晁福林：《先秦社会思想研究》，商务印书馆 2007 年版。

72. 徐克谦：《庄子哲学新探》，中华书局 2006 年版。

73. 徐复观：《中国人性论史》，华东师范大学出版社 2005 年版。

74. 徐复观：《中国思想史论集》，上海书店出版社 2004 年版。

75. 徐复观：《中国思想史论集续篇》，上海书店出版社 2004 年版。

76. 徐复观：《两汉思想史》，华东师范大学出版社 2001 年版。

77. 徐儒宗：《人和论——儒家人伦思想研究》，人民出版社 2006 年版。

78. 高正：《荀子版本源流考》，中华书局 2010 年版。

79. 高春花：《荀子礼学思想及其现代价值》，人民出版社 2004 年版。

80. 郭齐勇主编：《儒家伦理争鸣集》，湖北教育出版社 2004 年版。

81. 郭志坤：《荀学论稿》，上海三联书店 1991 年版。

82. 郭沫若：《十批判书》，东方出版社 1996 年版。

83. 萧公权：《中国政治思想史》，新星出版社 2010 年版。

84. 康学伟：《先秦孝道研究》，吉林人民出版社 2000 年版。

85. 梁启超：《中国近三百年学术史》，东方出版社 2004 年版。

86. 梁启超：《先秦政治思想史》，天津古籍出版社 2003 年版。

87. 葛兆光：《中国思想史》，复旦大学出版社 2001 年版。

88. 韩东育：《日本近世新法家研究》，中华书局 2003 年版。

89. 韩德民：《荀子与儒家的社会理想》，齐鲁书社 2001 年版。

90. 惠吉星：《荀子与中国文化》，贵州人民出版社 1996 年版。

91. 傅佩荣：《傅佩荣〈庄子〉心得》，国际文化出版公司 2007 年版。

92. 傅佩荣：《儒家与现代人生》，上海三联书店 2007 年版。

93. 储昭华：《明分之道——从荀子看儒家文化与民主政道融通的可能性》，商务印书馆 2005 年版。

94. 童书业：《先秦七子思想研究》，中华书局 2006 年版。

95. 游唤民：《先秦民本思想》，湖南师范大学出版社 1991 年版。

96. 蒙培元：《情感与理性》，中国人民大学出版社 2009 年版。

97. 廖名春：《中国学术史新证》，四川大学出版社 2005 年版。

98. 翟学伟：《人情、面子与权力的再生产》，北京大学出版社 2005 年版。

99. 潘光旦：《寻求中国人位育之道·潘光旦文选》，下卷，国际文化出版公司 1997 年版。

100. 薛柏成：《墨家思想新探》，黑龙江人民出版社 2006 年版。

学术论文：

1. 丁大同：《儒家道德中的交往理论》，载《天津社会科学》1997 年第 1 期。

2. 丁原明：《孔、孟、荀交往思想论纲》，载《东岳论丛》1993 年第 4 期。

3. 王一玫：《先秦儒家人际关系论及其现代意义》，载《理论探讨》1993 年第 4 期。

4. 王长坤：《论荀子对先秦儒家孝道思想的丰富与发展》，载《西北大学学报》（哲学社会科学版）2007 年第 4 期。

5. 王世舜：《论孔子的"君臣观"》，载《聊城大学学报》（社会科学版）2003 年第 3 期。

6. 王光松：《从〈应帝王〉看庄子的政治哲学》，载《华南理工大学学报》（社会科学版）2007 年第 5 期。

7. 王启发：《荀子与儒墨道法名诸家》，载《中国史研究》2000 年第 3 期。

8. 王灵康：《英语世界荀子研究概况》，载《国立政治大学哲学学报》2003 年第 11 期。

9. 王国良：《从忠君到天下为公——儒家君臣关系论的演变》，载《孔子研究》2000 年第 5 期。

10. 王易：《论荀子的"性恶"伦理思想》，载《河北学刊》1997 年第 6 期。

11. 王保国：《评荀子的君本论和君民"舟水"关系说》，载《史学月刊》2004 年第 11 期。

12. 王晓霞：《儒家文化中的人际关系理论》，载《道德与文明》2000 年第 5 期。

13. 王焱：《游世的庄子》，载《中国哲学史》2007 年第 3 期。

14. 王群丽：《论孔子的出仕观》，载《孔子研究》2006 年第 2 期。

15. 石洪波、徐庆丰：《试论荀子人性论的两重性》，载《中国社会科学院研究生院学报》2008 年第 1 期。

16. 宁可、蒋福亚：《中国历史上的皇权和忠君观念》，载《历史研究》1994 年第 2 期。

17. 邢海晶：《试析孟子士入仕的政治伦理思想》，载《天府新论》2004 年第 3 期。

18. 刘桂荣：《韩非对荀子的接受研究》，载《淮北煤炭师范学院学报》（哲学社会科学版）2008 年第 4 期。

19. 闫明恕：《荀子与韩非性恶论之比较》，载《贵州师范大学学报》（社会科学版）1997 年第 1 期。

20. 许建良：《荀子性论的二维世界》，载《湖南科技大学学报》（社会科学版）2005 年第 2 期。

21. 孙家洲：《先秦儒家与法家"忠孝"伦理思想述评》，载《贵州社会科学》1987 年第 4 期。

22. 李大华：《论先秦中国社会的公平观念》，载《哲学研究》2004 年第 10 期。

23. 李祥俊：《儒学人伦原则的现代开展》，载《安徽大学学报》（哲学社会科学版）2005 年第 2 期。

24. 李锦全：《儒家论人际关系的矛盾两重性思想》，载《中州学刊》1987 年第 5 期。

25. 杨子彬：《孔子的君臣观》，载《齐鲁学刊》1986 年第 5 期。

26. 杨红兵：《政治合法性的特性论析》，载《齐鲁学刊》2007 年第 4 期。

27. 肖群忠：《中国古代人际关系现象、特点及其现代意义》，载《西北师大学报》（社会科学版）1994 年第 5 期。

28. 何显明：《儒家政治哲学的内在理路及其限制》，载《哲学研究》2004 年第 5 期。

29. 佐藤将之：《二十世纪日本荀子研究之回顾》，载《国立政治大学哲学学报》2003 年第 11 期。

30. 宋立卿：《荀况的二重化世界观》，载《河北学刊》1989 年第 3 期。

31. 宋秀丽：《韩非论君臣关系》，载《贵州大学学报》（社会科学版）1993 年第 3 期。

32. 宋洪兵：《韩非子政治思想再研究纲要》，载《东北师大学报》（哲学社会科学版）2007 年第 2 期。

33. 宋祚胤：《论荀况的宇宙观》，载《社会科学战线》1980 年第 1 期。

34. 宋惠昌：《论〈庄子〉的自然主义政治哲学》，载《中共中央党校学报》2006 年第 6 期。

35. 张分田、张鸿：《中国古代"民本思想"内涵与外延刍议》，载《西北大学学报》（社会科学版）2005 年第 1 期。

36. 张分田：《略论先秦法家规范君权的政治思想》，载《天津师范大学学报》（社会科学版）
2006 年第 2 期。

37. 张分田：《儒家的民本思想与帝制的根本法则》，载《文史哲》2008 年第 6 期。

38. 张刚：《道家孝道思想研究》，载《玉溪师范学院学报》2009 年第 2 期。

39. 张华龙：《孔子出仕思想初探》，载《浙江师大学报》（社会科学版）1996 年第 5 期。

40. 张运华：《荀子与韩非人性论的比较》，载《学术界》1991 年第 4 期。

41. 张星久：《儒家思想与中国君主专制的内在冲突》，载《武汉大学学报》（社会科学版）
1996 年第 5 期。

42. 陈来：《"儒"的自我理解》，载《北京大学学报》（哲学社会科学版）2007 年第 5 期。

43. 陈坚：《荀子"性恶"再探析》，载《江南学院学报》2001 年第 1 期。

44. 陈林刚：《人伦之道及其内外和谐》，载《江西社会科学》2006 年第 6 期。

45. 陈琛：《〈韩非子〉之君臣关系浅论》，载《贵州文史丛刊》2003 年第 3 期。

46. 陈雍：《"君本"抑或"民本"——荀子君民关系思想探源》，载《学习与实践》
2007 年第 11 期。

47. 邵汉明：《原始儒家君臣观的历史演变》，载《社会科学战线》1998 年第 4 期。

48. 易志刚：《墨子思想中的矛盾性格》，载《北京社会科学》1991 年第 4 期。

49. 罗新慧：《试论先秦儒家入仕观念的演变与发展》，载《江海学刊》1998 年第 3 期。

50. 周炽成：《荀子：性朴论者，非性恶论者》，载《光明日报》2007 年 3 月 20 日（第 11 版）。

51. 周炽成：《逆性与顺性》，载《孔子研究》2003 年第 1 期。

52. 赵士林：《荀子的人性论新探》，载《哲学研究》1999 年第 10 期。

53. 赵如河：《韩非不是性恶论者》，载《湖南师大社会科学学报》1993 年第 4 期。

54. 赵法生：《孟子性善论的多维解读》，载《孔子研究》2007 年第 6 期。

55. 胡伟希：《荀子人性思想探微》，载《清华大学学报》（哲学社会科学版）1988 年第 2 期。

56. 查昌国：《论墨子之孝与"无父"》，载《安庆师院社会科学学报》1998 年第 4 期。

57. 星华：《论儒家人际关系学说的特点及其消极影响》，载《河北学刊》1991 年第 2 期。

58. 施志伟：《荀子人性论的哲学考察》，载《复旦学报》（社会科学版）1985 年第 6 期。

59. 姜红：《荀子"敬一情二"思想新议》，载《社会科学战线》2008 年第 6 期。

60. 徐忠有：《荀子"性恶"论新论》，载《东北师大学报》（哲学社会科学版）1989 年第 6 期。

61. 徐春根：《试论庄子处理人际关系的出发点及和谐追求》，载《理论探索》2009 年第 3 期。

62. 高旭：《论韩非的君臣观》，载《太原师范学院学报》（社会科学版）2006 年第 6 期。

63. 黄开国：《先秦儒家孝论的发展与〈孝经〉的形成》，载《东岳论丛》2005 年第 3 期。

64. 黄毅：《论中国古代限制君权的思想》，载《中国法学》1996 年第 5 期。

65. 萧仕平：《庄子人际关系思想试析》，载《商丘师范学院学报》2006 年第 6 期。

66. 康学伟：《论"孝"与墨家思想》，载《社会科学战线》2004 年第 4 期。

67. 康德文：《论春秋战国之际"孝"观念的变迁》，载《社会科学战线》1997 年第 4 期。

68. 彭林：《再论郭店简〈六德〉"为父绝君"及相关问题》，载《中国哲学史》2001 年第 2 期。

69. 蒋重跃：《孟子荀卿韩非子对人的本质的认识》，载《社会科学辑刊》1999 年第 6 期。

70. 韩东育：《"心治"、"身治"与"法治"——析法家政治思想中不可解的内在矛盾》，载《史学集刊》1993 年第 2 期。

71. 韩东育：《法家的发生逻辑与理解方法》，载《哲学研究》2009 年第 12 期。

72. 韩春平：《孔子的入仕与退隐》，载《西北成人教育学报》2003 年第 2 期。

73. 曾振宇：《孟子孝论对孔子思想的发展与偏离——从"以正致谏"到"父子不责善"》，载《史学月刊》2007 年 11 期。

74. 曾振宇：《荀子自然观再认识》，载《东岳论丛》1990 年第 3 期。

75. 虞圣强：《荀子"性恶"论新解》，载《复旦学报》（社会科学版）1996 年第 4 期。

76. 路德斌：《荀子"性恶"论原义》，载《东岳论丛》2004 年第 1 期。

77. 廖名春：《20 世纪后期大陆的荀子文献整理研究》，载《邯郸学院学报》2007 年第 4 期。

78. 廖名春：《论荀子的君民关系说》，载《中国文化研究》1997 年夏之卷。

79. 鄢爱红：《论儒家人际关系学说的实质》，载《晋阳学刊》1996 年第 5 期。

80. 霍建波：《先秦儒、道隐逸观略论》，载《内蒙古社会科学》2005 年第 1 期。

后 记

自从 2010 年 6 月获得博士学位以来，四年多的时光就这样在忙忙碌碌的工作中过去了。无论是在漫长的求学历程中还是在工作中，支撑我不断向前走下去的最大动力来自父母无微不至的关爱和无法计量的付出。

在博士学位论文修改稿出版之际，十分感谢恩师韩东育教授。能够成为著名学者韩教授的研究生是我求学历程中的最大荣幸。在跟随韩教授读书期间，他在学习上和生活上给我诸多指导和帮助。在博士学位论文写作的过程中，韩教授关注着我的每一步进展。从资料的搜集到论文的选题，再到论文的写作、修改都倾注了韩教授大量的付出。我会永远铭记韩教授对我的关怀和栽培。

感谢在东北师范大学求学期间给我关心和帮助的各位老师和同学。我在东北师范大学学习、生活的时间长达十年，这段美好的经历将永远保留在我的记忆中。

自从 2010 年 7 月到广东肇庆学院政法学院工作以来，我得到上级领导和身边同事的诸多指导和帮助。感谢政法学院黎玉琴院长这些年来在工作上和生活上所给予的诸多指导和帮助。黎院长对本人博士学位论文的修改和出版提出了宝贵的建议。感谢政法学院侯玉基书记、薛日金副书记在班主任工作等方面所给予的指导和帮助。感谢政法学院祁建平副院长、许英副院长在科研和教学等方面所给予的指导和帮助。感谢杨迎春教授、韩月香教授、周庆国副教授、李佩环副教授、肖扬东副教授、周黄琴副教授、陈伟博士、何凯文博士等人在各方面所给予的提示和帮助。

感谢赵泓编辑、阮清钰编辑、卢佳雯编辑、邢小芹编务为本书出版所付出的辛勤劳动。

我要感谢所有关心帮助我的好心人。没有他们的关心帮助，就没有我的成长进步。

在研究中国思想史的过程中，我深深地感到自己的不足：一是思辨能力欠缺，二是文字表达能力欠缺。没有较强的思辨能力，就很难在前人成果的基础上提炼出让人耳目一新的见解；没有较好的文字表达能力，就很难写出条理清晰、文采飞扬的文章。要想成为一名合格的中国思想史研究者就必须在这两个方面达到一个相当的水准。只有这样才能写出形神兼备的好文章。对我而言，要想提升这两个方面的能力都需要漫长的奋斗过程。在提升学术能力的征程上，不管有多少艰难险阻，我都不会停下前进的脚步。

本书是在博士学位论文的基础上修改而成。在修改的过程中没有对原文做结构性的大调整。本书中的一些观点曾以论文的形式发表过。在博士学位论文的写作和修改上，我已经尽了努力。但由于我的学术水平有限，书中肯定存在诸多不足之处。在研究荀子思想的过程中，有一点让我深有体会。那就是学界几乎在荀子研究的各个领域都取得了丰硕的成果。对资质驽钝的我而言，要想在前人成果的基础上迈出小小的一步都很艰难。本书的多数章节只是在前人成果的基础上稍稍有所进展。和学界前辈在荀子研究上取得的成就相比，本人的这点进步就显得微不足道。只希望本书能起到抛砖引玉的作用。

高春海

2014 年 10 月 15 日